新时代
学术进阶丛书

零基础掌握
学术提示工程

Mastering Academic Prompt Engineering from Scratch

宋义平 郭泽德 赵鑫 著

U0275144

清華大學出版社
北京

版权所有，侵权必究。举报：010–62782989，beiqinquan@tup.tsinghua.edu.cn。

图书在版编目（CIP）数据

零基础掌握学术提示工程 / 宋义平，郭泽德，赵鑫著 . —北京：清华大学出版社，2023.8

（新时代学术进阶丛书）

ISBN 978-7-302-64441-5

Ⅰ.①零… Ⅱ.①宋… ②郭… ③赵… Ⅲ.①人工智能－应用－学术研究 Ⅳ.① G30-39

中国国家版本馆 CIP 数据核字 (2023) 第 153993 号

责任编辑：顾　强
封面设计：周　洋
版式设计：方加青
责任校对：王荣静
责任印制：丛怀宇

出版发行：清华大学出版社
　　　　　网　　　址：http://www.tup.com.cn，http://www.wqbook.com
　　　　　地　　　址：北京清华大学学研大厦 A 座　　邮　　编：100084
　　　　　社 总 机：010-83470000　　　　　邮　　购：010-62786544
　　　　　投稿与读者服务：010-62776969，c-service@tup.tsinghua.edu.cn
　　　　　质 量 反 馈：010-62772015，zhiliang@tup.tsinghua.edu.cn
印 装 者：三河市东方印刷有限公司
经　　销：全国新华书店
开　　本：148mm×210mm　　印　　张：9.75　　字　　数：234 千字
版　　次：2023 年 10 月第 1 版　　印　　次：2023 年 10 月第 1 次印刷
定　　价：69.00 元

产品编号：103101-01

智能时代我们如何做学术

　　智能时代的狂风已经在我们的世界中翻滚，撕裂着旧有的思想皮囊，搅动着学术海洋的波涛。在这变革的洪流中，ChatGPT 如同一座灯塔，照亮了前方的道路，同时又如同一位趋势引领者，揭示了一个全新的未来。ChatGPT 用无比强大的生成能力，如同利剑一般刺入我们习以为常的知识生产模式，不论我们是否欢迎它，都无法阻止这场智能革命的到来。

　　作为学术界的一分子，我们有责任也有义务去解析这场洪流，明晰这个全新的外部环境。ChatGPT 的存在如同一个挑战和机遇的矛盾体，它会替代我们的部分学术工作，同时又倒逼我们在创新性思维和批判性思维上进行突破。在这场洪流中，我们需要转变观念，重新审视自己的定位，寻找属于自己的新出路。

　　在智能革命的大背景下，我们需要把握历史的方向，就像航海者通过罗盘来确认方向一样，要明确 ChatGPT 在学术研究中的位置。就像过去利用谷歌学术等工具提升我们的学术生产力一样，现在需要用 ChatGPT 来提升我们的学术生产力。不过分夸大，未来的学术世界里将存在两拨人：一拨人将熟练驾驭智能工具，他们就像科技大潮中熟练航行的船长；另一拨人则无法或不愿使用智能工具，他们可能成为科技大潮中的落后者。

尽管我们在畅享科技浪潮，却不能让机器独霸知识的海洋。我们要保持主体性，要指导机器，告诉它什么是有价值的知识，什么是需要我们去关注的方向。在面对智能工具的时候，我们不能成为机器的奴隶，而是要把它当作我们的伙伴、助手。ChatGPT 如同一个超级大脑，可以提供各种可能性，但我们需要决定哪些是我们需要的，哪些是我们可以放弃的。

在这个智能时代，我们既要利用 ChatGPT 等智能工具提高学术生产力，也要维护学术的独立性和主体性。我们需要重新定义自己的角色，把握住学术生产过程中的主导权。尽管 ChatGPT 能够提供很大的便利，但是我们不能忽视人类自身在学术研究中的重要性。我们需要保持创新精神，发挥创造力，提出新的问题，开辟新的研究领域。

我们身处智能时代，眼前的先进工具，如同深渊中的黑箱，让我们着迷又无所适从。它们预装了无边无际的知识宇宙，宛如一个庞大且复杂的大模型，然而对于我们这些使用者而言，如何驾驭它们，却成了我们正面临的新的挑战。我们无法洞察大模型内部的机理，唯一能够掌控的，就是手中这个向它提问的工具，这把如神奇钥匙的"小模型"。是的，它就是我们向 ChatGPT 提出问题的方式——prompt，也就是我们所说的提示词。

阿基米德曾说："给我一个支点，我能撬动地球。"如今在智能时代的洪流中，我们手握一把神奇的钥匙，就有可能启动人类知识的庞大引擎，触达我们无法想象的高度。因此，学习并熟练使用提示词，无疑是我们走向智能时代的第一步，更是我们在学术道路上挖掘知识的矿藏、点亮真理灯塔的重要工具。

为了确保你从这本书中获得最佳的学习效果，以下4点说明对你在理解和应用这本书的内容时具有重要的参考价值。

首先，这本书高度重视实践操作的环节，提供了一套完整的提示词，以及使用 ChatGPT-3.5 生成的输出示例。我们鼓励你自行复制或参考本书中的提示词，进行实际操作。然而，需要你明确的是，由于 ChatGPT 模型的设计特性——模型的输出基于概率性的工作规则，即便使用相同的提示词，生成的答案也可能存在差异。因此，一种行之有效的实践策略是：对于同一问题，可以尝试提问 3 ～ 5次，以便从中选取最优的答案。

其次，关于提问的语言选择，从输出效果来看，英文的质量通常优于中文。虽然 ChatGPT 在训练时考虑到了英文和中文的语料库，但实际使用中，英文提问往往能得到更高质量的回答。鉴于本书篇幅的限制，我们在大部分提示词上只提供了中文版本。你可以利用 ChatGPT 将中文提示词翻译为英文，然后尝试用英文进行提问。

再次，本书提供的提示词仅供参考，我们希望你能够以此为起点，获得启发与思考，推己及人，逐步构建适合自己学术领域和学科的提示词模型。这将是一项既富有挑战性又充满趣味性的工作，它需要你投入相当大的精力。在这一过程中，你将发现自己的批判性思维能力和提问技巧得到了显著的提升。

最后，我们在详解部分提示词的环节中，为读者预设了一些实践练习。这些练习使用的是通用模板，你可以根据自身的研究需求替换其中的信息，以此进行实践，从而不断提升你的提问技巧。

　　需要说明的是，除了 ChatGPT，还有诸多国内外的 AI 大语言模型，例如 NewBing、Claude、Bard、讯飞星火大模型、文心一言等。本书在进行提示词互动演示时，基本以 ChatGPT 为主，但本书提供的提示词思路也同样适用于其他 AI 工具。读者在迁移使用时，也需要注意因地制宜，以符合不同 AI 工具的具体特点。

　　我们期待，通过对提示词的深入研究和实践，能为广大学者提供一把入门的钥匙，引领他们走向更广阔的知识的海洋。在这一过程中，我们更期待每一位学者只需使用自然语言便可熟练驾驭这把钥匙，成为真正的提示词大师，以此激发出他们的学术热情，赋能他们的研究之路，进一步探索和创造新的知识和价值。

目 录

第一章
提示工程与学术研究效率

第二章
常见的错误提问方式

第三章
prompt 初级模型（上）

第四章
prompt 初级模型（下）

第五章
prompt 进阶模型（上）

第六章
prompt 进阶模型（下）

第七章
使用框架模型解决复杂学术问题

结语
一段未竟的进化之旅

第一章

提示工程与学术研究效率

🧠 引子：鲁提辖与 ChatGPT

或许读者看到这里会感到好奇，中国古典文学中的人物形象鲁提辖和智能问答机器人 ChatGPT 如何联系到一起？我们还是先来看看鲁提辖的故事吧。

中国古典小说《水浒传》第三回，讲述了"鲁提辖拳打镇关西"的故事。该故事主要描述了鲁达得知金翠莲被郑屠强骗后，十分愤怒，以切肉末为由挑衅郑屠，待郑屠被激怒后三拳打死郑屠。在这个故事中，一向大大咧咧的鲁达化身"提问高手"，只靠三个"指令"便成功惹怒了卖肉的郑屠，为自己的行侠仗义做了合理铺垫。我们一起来看下这三个"指令"：

- 第一问：奉着经略相公钧旨：要十斤精肉，切作臊子，不要见半点肥的在上面。
- 第二问：再要十斤都是肥的，不要见些精的在上面，也要切做臊子。
- 第三问：再要十斤寸金软骨，也要细细地剁做臊子，不要见些肉在上面。

在鲁提辖的指令中，有两个关键要素：目标和要求。目标指的是他希望实现的具体目标，分别是要精肉、肥肉和软骨；要求指的是具体的目标呈现方式，分别是"切作臊子，不要见半点肥的在上面""不要见些精的在上面，也要切做臊子""细细地剁做臊子，不要见些肉在上面"。

当我们与他人进行沟通的时候，具体明确是基本原则，只有具体明确的信息才能够被他人正确理解，进而实现顺畅沟通。在鲁提辖拳打镇关西这个故事中，鲁提辖可以说掌握了人类语言沟通原则的精髓，即给出明确的目标和具体要求。人与人的互动和沟通如此，人与机器的沟通和互动也是如此。作为新一代人工智能问答机器人，ChatGPT 的出现代表了人机互动新时代的到来。人机互动的基本原则同样基于人类的语言沟通逻辑。在人机互动新时代，能否学会使用恰当规范的提示词，或者用通俗的话说，是否会提问将决定所获得的答案是否符合要求。例如，如果我们输入一段文字给 ChatGPT，并要求它进行分析，我们可以这样给出提示词：

- 请针对以上内容进行分析；
- 请针对以上内容进行写作风格分析；
- 请针对以上内容进行文本结构分析。

当使用上述三组不同的提示词进行提问时，ChatGPT 给出的结果完全不一样。造成结果不一致的原因是目标不明确，即对于"进行什么样的分析"不明确，是分析词语构成、写作风格还是叙事逻辑，都需要具体明确。大而无当的指令只能得到似是而非的回答，然后发出一声感叹：这不是我想要的答案呀！日常生活中的沟通需要具体明确，做学术研究更需要具体明确，这是因为学术概念体系相比日常生活语言更追求严谨性和表述的规范性，往往一字之差含义则谬之千里。例如养育和抚育、治理和管理、权力和权威。很多研究生在进行学术提问的时候，经常被导师批评问题不具体、不明确，主要也是因为对学术概念缺乏精确的了解。

ChatGPT 的出现，对使用它的学术人来说，是一种沟通能力上的新挑战。我们应该向鲁提辖学习，学会如何给出具体明确的提示词，这样才能够充分驾驭 ChatGPT，提升科研效率，提高学术产出。提示工程（prompt engineering）就是为了解决这一问题而存在，它是一种人机交互设计的方法，即在计算机系统或应用程序中为用户提供相关提示、建议或反馈信息。这些提示信息可以帮助用户更好地理解系统的功能和如何跟系统进行交互，从而提高用户的使用体验和效率。

第一节 什么是 prompt 模型？

一、模型初识

在各种媒体和宣传材料中，经常看到 prompt 的说法，"prompt"在英文中的原意是"提示""激励"或"提醒"。在自然语言处理领域，prompt 模型采用了这个词的名词形式，是因为它使用特定的"提示词"来指导生成文本，在一定程度上可以控制生成文本的内容和方向。而且，prompt 模型对于开发者和工程师来说，相当于把一些先验知识或者特定背景添加到模型中，增强了模型的可解释性和可控性。由于 prompt 技术可以通过更少的计算资源实现更优质的文本生成结果，因此在工程技术领域获得广泛应用。

我们作为用户，可能无法搞懂工程技术领域具体的算法逻辑，但是从应用的角度，搞清楚如何进行 prompt 是必要的，也是可行的。用通俗的语言来说，prompt 就是不断调整提问方式，综合使用各种具体要求来控制文本的精准输出。虽然 ChatGPT 是基于人类自然语言处理的大语言模型，但通过精确的 prompt 过程，使用者可以做到对大语言模型输出结果的精准把控，进而达到自己的答案预期。尤其对于学术研究来说，一个具体明确的输出结果远远胜于大而化之、面面俱到的答案。接下来本书要讲解的各种 prompt（提示词）会帮我们完成各种不同的任务。从形式上看，prompt 可以是一个问题、一段文字描述、一段对话或任何形式的文本输入，GPT 模型会基于 prompt 所提供的上下文和语义信息，生成相应的输出文本。正是因为 prompt 模型要使用各种提示词进行输入控制，因此 prompt 模型也被称为提示词模型。为保持全书写作和表达方式的一致性，以下统一使用 prompt 模型或者提问模型进行表述。出于表述简洁的需要，本书将所有模型名称当中的"提示词"三个字省略。但读者需要知悉的是，提示词模型、prompt 模型、提问模型基本是同一个意思，有时甚至被直接省略称为模型。从使用的角度，可以将 prompt 模型区分为单一模型和组合模型，大部分情况下，为了达到学术研究的特定目的，我们需要使用组合模型。

进一步理解，我们可以把使用者向 ChatGPT 大模型输入的任何一组提示词都理解为小模型。例如，以下是一段针对如何形成期刊论文选题的提示词，这段提示词是笔者自行组织的。通过这段提示词，就可以形成针对 ChatGPT 大语言模型的独特指示，进而最大限度达到自己期待的结果。从以下提示词中能够看到，使用者个人需要花费相当长的时间来打造自己的"小模型"，且一个小模型看上去也可能是比较复杂的。

我是一名【】在读博士，我正在撰写一篇期刊论文，但我还没有形成具体明确的选题，我感兴趣的研究对象是【】。你需要充当我的写作助手，请帮我通过"三级选题细化法""研究 gap 确定法"和"研究选题类型学"来形成选题。以下【】里的内容是对"三级选题细化法""研究 gap 确定法"和"研究选题类型学"的具体解释，方便你理解得更为深入。

【三级选题细化法，指的是给定任何一个研究对象，都应该通过给出"限定词"和"研究维度"进行选题细化。限定词指的是研究对象所被含括的范畴，如在某一理论传统下、在某一个国别中、在某一类地区中、在某一类人群中，如果研究对象是大学生，我们可以加上限定词：西部普通高校大学生、"985"名校大学生。研究维度，指的是一个研究对象可以有多种不同的切入角度，如大学生研究，既可以研究大学生的消费行为，也可以研究大学生的"躺平"行为，还可以研究大学生的情感恋爱行为等。需要注意的是，研究维度也需要逐步细分。例如，大学生的消费行为中，可以进一步细分为电子产品消费、玩偶消费等。研究维度要细分到研究者能够容易操作的程度。综上，三级选题细化法的第一级是确定限定词，第二级是第一次维度细化，第三级是第二次维度细化。

"研究 gap 确定法"指的是提出的研究问题中需要有明确的 gap，gap 指的是已有研究中所呈现的针对某个研究对象解释的不足之处，呈现出一种预期与实际的差距，这种差距有三种类型：第一种是理论与现实的差距，第二种是政策与实践的差距，第三种是原有研究对比中所呈现的不同之处。

"研究选题类型学"指的是研究问题可以有四种具体类型，一是 what 型问题：关注现象或者事件的描述和定义，如"某个社区中有多少人口""各年龄段学生在教育资源上存在哪些差异"等。这种类型的问题强调对事物的观察、度量和描述。

二是 how 型问题：关注过程或方法的描述和分析，如"用什么方式可以加速某个化学反应""如何提高员工对工作的投入和满意度"等。这种类型的问题需要着重考虑操作性和实践性。

三是 why 型问题：主要关注推断和解释，如"为何一些客户更喜欢购买品牌产品""为何某个国家的诗歌创作在 19 世纪后期出现了显著变化"等。这种类型的问题需要建立理论框架或假设，并进行实证研究，以验证结论。

四是 should 型问题：主要关注价值取向和政策决策，如"应该在城市中设置更多的公园吗""是否应该采用新的课程教学方法"等。这种类型的问题需要将研究成果应用于实践，以达到改进社会和环境的目的。】

其他要求：

第一，综合上述三种选题逻辑，给出五个具体的选题建议。要求参考以下表述形式：

例如，中国沿海地区（限定词）二代农民工（研究对象）的音乐消费融入模式（研究维度）。

研究 gap：以往研究大多从其他角度研究二代农民工的城市融入问题，但少有从音乐消费的角度进行研究的。

问题类型：how 型问题，主要聚焦二代农民工是如何进行音乐消费，进而融入城市生活方式的。

第二，总字数不少于 1000 字。

第三，在正文中标注参考文献（只推荐英文文献），采用（著者，出版年）格式，并在完成综述写作之后罗列参考文献。

我们可以看到，上述提示词有 1000 多字，既给出了具体目标，也给出了细致的参考示例。这样的提示词需要我们作为使用者和开发者不断进行提炼。当然，以上笔者所使用的小模型只是众多学术场景提示词中的一种，我们在本书后面的讲解中会介绍更多的提示词模型。

二、GPT 工作界面

截至本书交稿，ChatGPT 有 3.5 和 4.0 两个版本，且所有的知识截至 2021 年。4.0 版本可以实现插件功能，极大地提升了 ChatGPT 的威力。以下将简单展示 ChatGPT 的工作界面（见图 1-1）。当我们完成账户的注册并进入工作界面后，能够看到 ChatGPT 的工作界面非常简洁。最上方是版本的选择，我们可以选择 ChatGPT-3.5 或 ChatGPT-4.0，需要注意的是，ChatGPT-4.0 目前有 3 小时最高 25 条的限制。假设我们选择了 ChatGPT-3.5 版本，那么就可以直接在最下方的输入栏里输入提示词。左侧是保存聊天记录的区域，可以看到每新开一个对话，之前的对话就会被保存下来，供后续继续调试模型或者查找使用。左侧最下方是账号信息（见图 1-2），这里可以进行对话清空（Clear conversation），进行相关设置（Settings），在设置中尤其需要注意的是 Data controls（见图 1-3），需要不定期将你的提问资料导出，点击 Export data 即可进行导出，你将在给定的邮箱中收到提问资料（见图 1-4）。由于目前国内使用 ChatGPT 依然存在一定的网络不稳定和账号不稳定问题，建议大家一定要注意资料的导出和保存。

图 1-1　ChatGPT-3.5 的工作界面

图 1-2　账号信息图示　　　　　图 1-3　Data controls 设置界面

图 1-4　导出确认界面

如果我们选择了 4.0 版本，也就是 plus 版本，需要在交费后进行升级。ChatGPT-4.0 版本有三种工作模式，分别是 Default 模式、Code Interpreter 模式和插件（Plugins）模式（见图 1-5）。Default 模式指的是 ChatGPT-4.0 的标准运行模式，即没有使用任何特殊特性或扩展的基本运行模式。Code Interpreter 模式拥有代码分析、数据分析、文本编码、提供可视化图表等功能。这一模式所使用的底层代码工具为 Python，截至本书出版，该模式尚不能实现联网功能，因此部分 Python 包是缺失的。该模式的最大特点是支持直接进行附件上传，用户可以上传符合格式要求的数据或者文本进行分析和解读。插件（Plugins）模式指的是允许 ChatGPT-4.0 使用特定的扩展或插件的模式。这些插件可以为 ChatGPT-4.0 提供额外的特性或功能，比如访问特定的数据源，或者进行特定的处理或分析。值得一提的是，ChatGPT-4.0 的插件每天都在增加，这些插件具有丰富的扩展能力，可帮助用户完成各种各样的工作（见图 1-6）。目前插件商店已经有 700 多个插件，相信在本书出版之日，插件的数量还会进一步增加。对于学术群体来说，目前能使用的插件包括协助我们进行高效阅读的 AskYourPDF 插件和 ChatWithPDF 插件，查找文献的 ScholarAI，辅助进行框架图和流程图等各种图绘制的"Show Me"插件。当然，还有更多其他插件，读者如果升级了 4.0 版本，可以去探索和测评。目前 ChatGPT-4.0 对于插件的使用有限制，每次最多只能选用三个插件（见图 1-7）。

图 1-5　ChatGPT-4.0 三种模式选择界面

图 1-6　ChatGPT-4.0 插件界面

图 1-7　ChatGPT-4.0 插件选择界面

第二节　高质量提问的整体学习框架

在古老的中华武术中，武术高手不是单纯地学习招式，而是深度理解并实践武道的精神，也就是那些被形象地称作"道"的层面。这其中蕴含着理性的分析，对生活和人性的洞见，对宇宙规律的探索。同样地，如果你期望自己成为一名提示词高手，那么你必须去理解和掌握更深层次的学习框架，追求精神和形式的统一，以实现真正的提问艺术。

在提问艺术中，宏观、中观、微观三个层面都是我们需要掌握的。宏观层面的方法论，就像武术中的"道"，指引前进的大方向。它代表了整个知识领域的理论框架，是我们要思考问题，也是决定研究方向的基石。方法论就像武道中的内功，虽然看不见，却是所有技巧和招式的基础，是我们深度思考和解决问题的根本。

中观层面的框架，则像武术中的套路，包含了一套完整的动作组合，通过不同的组合和变化，可以形成各种各样的招式。在提问艺术中，我们需要掌握一套完整的组合模型，它可以帮助我们有效地组织我们的思维，提出更有针对性的问题。组合模型就像武道中

11

的外功，是我们对内功理论的具体实践和应用，也是我们提升学术能力的关键。

微观层面的单一提示词模型，就像武术中的单一动作。每一个动作，无论是拳、脚还是掌、指，都需要我们细心研习、精雕细琢。每一个提示词都是我们提问的关键，是我们获取知识的工具。我们需要对每一个提示词进行深入的理解和熟练的应用，只有这样，才能真正掌握提问艺术。以下我们将分别介绍方法论层、框架层和具体问题层（见图 1-8）。

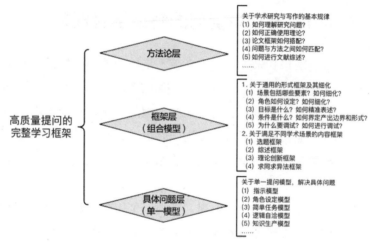

图 1-8　使用 prompt 模型的整体学习框架

一、方法论层

在顶层的方法论层中，我们需要理解和掌握学术研究的基本逻辑。这些逻辑包括如何理解研究问题（即如何选择合适的研究主题），如何正确理解并运用理论，如何构建合理的论文框架，如何将研究问题与研究方法进行有效的匹配，如何进行深入的文献综述，以便发现研究的缺口，等等。若是我们对这些学术研究的基本逻辑不熟悉，或者掌握得不规范，那么在使用 ChatGPT 等 AI 工具进行提问时，就可能无法提出恰当的问题。

例如，若是我们不理解研究问题的本质是预期与现实之间的差距，那么在构建提问框架的过程中，我们就可能无法形成一个清晰、准确的方向。在这种情况下，我们提出的具体问题可能偏离问题的真正方向，从而导致 AI 工具提供的研究主题建议缺乏问题意识，也无法发现真正的研究缺口。

因此，我们想要有效地利用 AI 工具，提高学术研究能力，就必须掌握这一方法论层次的知识。只有这样，我们才能够在智能时代的洪流中以规范、严谨的态度进行学术研究，真正地走在知识的前沿，掌握未来的钥匙。

二、框架层

接下来我们要进入的是第二层，也就是框架层。这一层主要涉及如何基于特定的任务目标，综合运用各种单一的提问技术，从而构建出提问框架或者组合模型。也就是说，这一层的学习重点在于如何将各种单一的提问技术有机组合起来，形成一个完整、有效的提问框架，使之能够更好地服务于我们的研究任务。框架层包括两类提示词框架：一类是形式上的通用框架，称为 SRGCD 模型；另一类是内容框架，数量众多，是针对解决所有实质学术问题而开发的组合框架，如选题框架、文献综述框架、理论创新框架等。形式框架和内容框架组成了完整的提问组合框架，缺一不可。

笔者在研究和实践过程中，综合了各种关于组合提问模型的知识，提出了一个名为 SRGCD 的通用提示词模型。这 5 个字母，分别是英文单词 scene（场景）、role（角色）、goal（目标）、condition（条件）

和 debugging（调试）的首字母。这个模型的提出，是基于我们对提问的理解，即好的提问应当具备明确的场景、角色设定、目标定义、条件限制以及反馈修正的调试环节。由于本书第七章将围绕该框架展开讲解，故此处不再涉及这部分内容，感兴趣的读者可以直接跳到第七章阅读。此处只举例说明什么是形式框架。

形式框架提示词模型举例：

> 你是一名社会学领域在读博士【角色设定模型】，你被要求在研究生组会上就农民工城市融入主题发言【场景模型】，请给出你的发言稿【通用任务模型】，发言稿应符合你的身份设定，体现学术性【提示模型】。

在开始一项新任务的时候，需要从形式框架入手，并采取多种内容框架解决多种问题。内容框架是依据不同的学术场景而开发的多种框架，以下是内容框架的一个简单示例。

> 我是一位教育学在读博士，研究方向为教师教育。目前我正处于博士论文开题阶段，但我没有确定选题，你需要扮演我的博士生导师角色，指导我进行选题思考和确定选题【角色】。我对中小学教师如何通过翻转课堂进行教学方式创新感兴趣，希望针对该现象选择某个切入点展开深入研究【情境】。请问我提出的现象在教育学领域和哪些可能的研究主题有关？请推荐 5 个你认为有价值的研究主题【目标】。
>
> 要求：第一，每主题都需要说明推荐理由；第二，每个主题都需要有一篇与之相关的代表性英文文献，并提供文献的详细信息（包括刊物名称、DOI 等）【条件】。

框架式的组合提问方式，能够帮助研究者实现更为具体和特定的目标。相较于单一的 prompt 技术，组合提问模型的优势在于对提示词进行了全方位的限定和精准的控制，这将有利于引导 ChatGPT 给出符合预期的答案。也就是说，我们能够通过精心设计的提问，激发 ChatGPT 的最大潜能，引导它为我们提供最符合我们预期的知识和信息。

三、具体问题层

具体问题层，指的是进行提问时所采用的具体问题，也就是本书所指的单一模型。具体问题是组成组合模型的基础要素，只有了解清楚单一提示词模型的基本逻辑，才有可能发挥组合提问的威力。只要经过一定的学习和训练，研究者都能掌握具体问题层的提问技能。上述提到的 SRGCD 通用模型就是由 5 个单一问题模型组合而成的，包括场景模型、角色设定模型、简单任务模型、提示模型和多次反馈模型。以下问题是由单一提示词模型组合而成。

> 你是一名社会学领域的在读博士【角色设定模型】，你被要求在研究生组会上就农民工城市融入主题发言【场景模型】，请给出你的发言稿【简单任务模型】，发言稿应符合你的身份设定，体现学术性【提示模型】。

第三节　本书的写作逻辑

本书将集中于框架层和具体问题层，并不针对方法论层进行深入讨论。这是因为方法论层所包括的内容极其丰富，需要研究者学习大量的相关知识。为避免喧宾夺主，本书将重点放在如何使用初级模型和进阶模型实现高效提问，这两部分从一般意义上都属于具体提示词层面（即微观层面）。这两部分分别对应着全书的第三章、第四章和第五章、第六章。在第七章会涉及中观层面的框架层，限于篇幅，我们只介绍通用形式提示词模型 SRGCD 模型及少量内容提示词模型，并将如何形成高质量选题作为完整的框架提示词模型的示范。

在进行模型讲解时，本书提出了一个具体的学习模型（见图 1-9）。

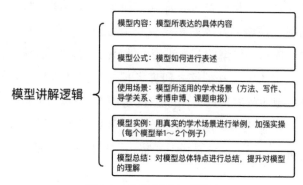

图 1-9　具体讲解方式图示

为了更深入地解析和应用提问模型，笔者在撰写此书的过程中，设计了一个五步渐进式模型讲解框架。这五步分别是：模型内容介绍、模型公式阐述、使用场景分析、模型实例展示和模型总结。这一设计旨在帮助读者更好地理解模型的含义、应用范围以及操作方式，从而能够更熟练地使用提问模型进行学术提问。

第一步，"模型内容"的阐述。在这一环节中，我们会详细解释该模型所包含的各个要素，以及这些要素如何组合在一起构成一个完整的提问模型。第二步，讲述"模型公式"，也就是模型在实际应用中的表现形式。这部分会提供一个具体的模型表述，帮助读者在实践中准确地运用这个模型。需要注意的是，尽管我们提供了固定的模型公式，但读者并不需要严格按照此公式进行提问，而是要重点理解和掌握公式中所包含的提问要素，灵活运用到自己的学术提问中。第三步，"使用场景"的讲解。我们会针对模型所适用的具体学术场景进行分析和说明，这将帮助读者更好地理解模型的应用条件，从而在合适的场景下更有效地使用模型。第四步，"模型实例"的展示。我们会通过一个或者多个具体的提问实例，展示模型在实际应用中的效果。这将使读者清楚地看到模型是如何运作的，以及使用模型能够得到什么样的结果。第五步，进行"模型总结"。在这一环节，我们会提炼出模型的核心要点，以及模型在实际应用中可能遇到的问题和应对策略，帮助读者全面、深入地理解和掌握模型。

第二章
常见的错误提问方式

在我们与 ChatGPT 模型进行互动，尤其是向它提问时，我们的思维方式和认知习惯可能无形中影响我们提问的方式，包括提问的内容、形式，以及如何与 ChatGPT 模型进行持续的交流。有时我们可能会困惑：为什么我无法获取自己期待的答案？此时，我们应对自己的提问策略进行反思，看看是否存在问题。

在定量研究领域有一种常见的观点，即"输入什么，输出什么"，通常用"Garbage In, Garbage Out"（GIGO）这一术语来形象地描述。这个理念传达的含义是，如果你输入的数据或信息质量低劣，那么你得到的结果或回答也将是质量低劣的。同样地，这也适用于 ChatGPT 模型的使用上。如果我们不掌握正确的提问技巧，不理解如何有效地与 GPT 进行互动，那么我们可能在输入的过程中提供低质量的指示或问题，从而得到低质量的答案。这就是我们所说的"Garbage In, Garbage Out"。

在和众多学友沟通的过程中，笔者归纳总结了以下几种常见的错误提问方式，供读者参考。这些方式包括就事论事型、画地为牢型、想当然型、简单粗暴型、问题不当型、缺乏比较型。如果大家也曾经像我一样出现过这种提问错误，那么是时候改变自己的发问习惯了。

🧠 第一节　就事论事型

在我们的日常生活和学术研究中，提问的方式有很大的影响力。如果我们仅依赖具象的经验，而忽视了抽象思维和升维提问的优势，那么我们的理解和知识可能受到限制。具象经验是我们从直接的经历和观察中获取的信息，它是基于特定情境和事件的。当我们只依赖具象经验进行提问时，我们可能忽视更广阔的视野和更深层次的理解。相反，抽象思维允许我们从具象的经验中提炼出关键的主题，从而形成更广泛的理论和概念。这是一种"升维提问"方式，即从更高的角度对问题进行理解和提问。

例如，我们可能遇到一个具象的问题——"为什么这个苹果从树上掉下来？"如果我们只依赖具象的经验，可能得到一些表面上的解释，如"因为风吹动了树枝"。然而，如果我们利用抽象思维进行升维提问，可能提出这样的问题："这个苹果从树上掉下来，是不是表明了某种普遍的物理规律？"这将引导我们去探索更深层次的原因，如万有引力。

因此，我们在理解经验现象时要有升维的思考，问出这是关于什么理论的案例。这种抽象思维和升维提问，不仅可以提升我们对经验现象的理解，也能帮助我们更有效地利用 ChatGPT 模型进行学术研究。以下我们将采取分栏方式对不同的提问进行对比。

 针对中国目前出现的养儿防老传统孝道的缺失，应该如何解释该现象？

 作为一个 AI（人工智能）语言模型，我没有自己的观点和立场，也无法判断该现象是否存在或者解释其原因。但是，根据一些研究和观察，可能的原因包括以下几点。

1. 人口红利的消失。随着中国人口老龄化的加剧，年轻人不再需要依靠多子女来分摊养老负担，因此对孝道的重视程度下降。

2. 社会价值观念的变化。随着社会的发展，个人主义和自由崇尚逐渐成为主流，传统的家庭观念和孝道观念逐渐被削弱。

3.经济发展的影响。随着经济发展和城市化的快速推进，家庭结构的变化和亲密关系的削弱也会影响孝道的传承。

4.教育观念的变革。家庭教育、学校教育等社会教育方式的改变，家长对孩子的教育观念随之变化，孝道的价值观念也会随之变化。

需要指出的是，并不存在一种万能的解释，这个现象的出现是有复杂的原因和影响的，需要通过更加科学的研究和分析才能有更加准确和全面的结论。

针对中国目前出现的养儿防老传统孝道的缺失，应该如何从理论上解释该现象？

从理论上解释中国出现养儿防老传统孝道缺失的现象，可以采用社会学和人类学等学科领域的理论和观点，如以下几点。

1.社会变革理论。随着中国的现代化和城市化进程的迅速发展，家庭结构、家族关系和社会角色发生着巨大的变化，家庭成员之间的互动与联系方式的变化，使孝道作为一种家庭和家族价值被动摇了。

2.时代背景和价值观念的变化。中国现代化进程中出现了新的价值观，如独立、自由、个性化等观念，这些新的价值导向改变了传统的家庭观念和孝道观念，从而使传统的孝道文化受到影响。

3.家庭的结构和角色变化。随着社会现代化的发展，中国家庭的结构和角色会发生变化，如家庭成员数量减少、家庭规模变小、家庭中女性社会地位上升等，孝道的内容和意义也发生了变化。

4.教育水平的提高。随着中国经济的快速发展和人口素质的提高，教育水平普遍提高，人们开始更加理性地思考家庭和社会的关系，孝道精神也面临重新定义和解释的挑战。

以上是从一些理论上解释了中国出现养儿防老传统孝道缺失现象的原因，但这个问题的原因和影响非常复杂，需要通过进一步的研究和调查获取更加准确的结论。

针对中国目前出现的养儿防老传统孝道的缺失，应该如何从理论上解释该现象？请从宏观社会结构和微观社会机制上进行解释。

在宏观上，目前中国出现养儿防老传统孝道缺失的现象可以解释为社会结构的变化所致。随着中国现代化和城市化进程的加速发展，家庭结构和亲密关系发生了巨大变化，家庭规模缩小，家庭成员之间的互动和联系方式发生变化，传统的孝道观念逐渐被削弱。此外，社会经济结构的发展和家庭崩溃现象的增加，也对传统的孝道文化产生了冲击。总之，社会结构变迁是产生这一现象的主要原因。

在微观社会机制上，可以从家庭、个体和社会三个层面对这一现象进行解释。

1. 家庭层面。随着家庭结构和家庭角色的变化，家庭成员之间的亲密关系以及价值观念随之变化。亲情、尊重父母等传统的孝道观念逐渐退化，并被现代家庭价值观取代，也就是个人主义和自由主义等价值观。

2. 个体层面。不同年龄的人在家庭和社会中扮演着不同的角色，随着教育水平的提高和社会观念的转变，个体在价值观和思维方式上也将发生相应的变化。年轻一代可能更加注重事业和自我的实现，而不是传统的孝道观念。

3. 社会层面。社会中的人际关系和信任程度会随着社会发展而变化。社会关系日渐冷漠和疏离，人们之间的互动越来越少。这也使得传统的孝道观念在社会中逐渐淡化。

综上所述，中国出现养儿防老传统孝道缺失现象是多个因素综合作用的结果，如果要进行更加深入的解释，需要探讨更多复杂的社会变化和个体社会行动的关系。

从上述 3 次提问中能够看出，第一次提问属于就事论事型提问，即只针对我国目前出现的养儿防老传统孝道的缺失这一现象进行提问，没有针对现象从理论层面进行提问，导致输出的答案比较宽泛，体现不出学术性。第二次提问和第三次提问属于两次迭代，分别针对现象从理论层面发问，以及从更为细致的结构和机制层次发问，就会看到输出的答案质量在不断提升。

> 练习：理论升维提问（请将你的研究信息放入【】中，进行提问练习）
>
> 我是一位【】专业的研究者，我观察到一种【】的现象，请问应该如何从理论上解释该现象？请避免使用过于宏大的理论，我更希望看到中观和微观的理论。请根据匹配程度进行排序，并说明理论为什么能够解释该现象。

第二节　画地为牢型

很多读者诟病 ChatGPT 是"一本正经地胡说八道"，在我看来，这恰恰是它的优势而非劣势。在我们与 ChatGPT 交互时，如果只依赖所处学科和原有的认知进行提问，就无法充分利用 GPT 海量的知识库中蕴藏的交叉学科优势，即 ChatGPT 独特的"理论串联"能力。也就是说，不应该囿于所处学科而画地为牢，应该具有跨界思维，寻找更多的可能性。现今人文社会科学研究的跨学科趋势日益凸显，无论在理论探索、方法选择还是素材收集方面，都显露出深厚的跨学科特质。与此同时，ChatGPT 的知识库覆盖了广博的领域，从而使其可以灵活地调动各类知识，实现跨界思考，乃至为我们带来"他山之石，可以攻玉"的启发。因此，我们在使用 ChatGPT 进行学术研究时，应尝试打破学科界限，发挥跨学科思维的优势，从而全面、深刻地解决研究问题。我们设置了不同的发问方式，从仅限单一学科的发问，到扩展学科的发问，下面以分栏形式进行对比展示。

针对目前中国出现的养儿防老传统孝道的缺失，社会学有哪些可能的理论解释？

社会学领域提供了许多关于中国出现养儿防老传统孝道缺失的理论解释，以下列举几个可能的理论。

1. 结构变迁理论。结构变迁理论认为，随着经济的快速发展和城市化进程的加速，家庭和社会之间的联系逐渐变得松散、冷漠，成员之间的联系也逐渐变得碎片化。这种结构变迁使得传统的孝道观念在传递和实践中遭受到挑战，从而导致养儿防老传统孝道的缺失。

2. 现代化理论。现代化理论通认为经济发展、教育水平的提升以及人们的自由和独立等因素影响孝道的传承。人们的价值观和生活方式逐渐朝向现代化转变，传统孝道的理念难以与现代生活相适应。

3. 技术进步理论。在现代医学和科技的进步下，人类的寿命有了很大的提高。这种技术进步使得养儿防老传统孝道的价值受到冲击，养儿防老已经成为一种过时的思维，老年人可能更希望过自己心目中的生活，而不是去过孩子心目中的生活。

4. 社会认知理论。社会认知理论认为，社会价值观在人的认知过程中扮演着重要的角色。随着社会的改变和发展，人们的价值观也会发生改变。如今的年轻人更加看重自己的生活和个人价值，对传统的孝道观念失去了兴趣。

以上仅是社会学领域中的一部分理论，出现养儿防老传统孝道缺失的原因和影响非常复杂，需要综合考虑多个方面的因素才能有更准确的理论解释。

针对目前中国出现的养儿防老传统孝道的缺失，社会学之外的其他学科有哪些可能的理论解释？

除了社会学，其他学科也提供了一些可能的理论解释。

1. 哲学。哲学可以从人性的角度解释中国出现养儿防老传统孝道缺失现象。如财富与快乐关系的思想，认为人类追求快乐和幸福，而财富并非幸福的唯一来源，因此养儿防老也不再成为人们的唯一目标。

2. 教育学。教育学认为养育孩子是父母的责任，而不是孝道的任务。随着教育体系的不断健全和发展，人们更加注重子女的教育和培养，而不是简单的养儿防老。

3. 人口学。人口学认为，人口结构的变化导致了养儿防老传统孝道的缺失。随着人口老龄化的加深，养儿防老的任务变得更加困难，人们也开始寻找其他的养老机制。

4.传媒学。传媒学认为，如今电视、互联网等媒体改变了人们获取信息和价值判断的模式，传统的家庭观念和孝道观念不再成为人们形成价值观的唯一依据。

综上所述，以上只是部分学科理论，这些理论能从不同的角度解释中国出现养儿防老传统孝道缺失现象的原因。同时需要综合多个学科理论来全面解释中国养儿防老传统孝道缺失的原因和影响。

经济学和心理学有相关的理论推荐吗？

经济学和心理学领域提供了以下几个可能的理论。

1.经济学角度：思辨经济学。思辨经济学认为，传统孝道文化影响家庭与家庭成员的精神、心理状态，对家庭经济和社会经济甚至全球经济的运转和发展都有深刻的影响。

2.心理学角度：社会行为理论。社会行为理论指出，社会因素、心理学因素和多种社会力量的相互作用，会导致人们的行为模式在社会中不断进化。在中国的养老观念中，则反映了社会美德的形成和社会变迁因素的影响。

3.经济学角度：收益—成本效应理论。该理论探究了某件事情在个人内部产生的经济和非经济决策因素的影响。这一理论可用于解释年轻人不再重视养老问题的原因：在个人层面上，他们对于自身的职业发展和投资生活更加关注。

4.心理学角度：自我决定理论。自我决定理论关注了个体如何建立自己的身份，以及在此过程中受到各种制约的影响。如今在中国社会，一个人的身份认同正在发生变化，年轻人开始更加注重创造自我并发展自我，这种价值观已经导致养儿防老传统孝道观念逐渐淡化。

针对目前中国出现的养儿防老传统孝道的缺失，自然科学（如物理学、生物学、环境科学）有哪些可能的理论解释可以借鉴？

　　自然科学主要研究自然界的各种现象，与社会问题的联系不太密切，因此在解释养儿防老传统孝道问题时，自然科学的角度可能难以提供直接的理论解释。但是有些自然科学的相关研究可能提供一些借鉴。

　　1.生物学角度：人类行为模式可以受基因、环境、教育等因素的影响。研究遗传因素对人类社会行为的影响，可能有助于理解一些社会问题产生的根源，并为建立更好的社会教育模式提供基础。

　　2.心理学角度：心理学以研究人类的思维、情感、行为及其副作用等方面为主，可以从社会性别角度、价值观倾向和社会认知等方面，对社会行为问题进行深入的研究和解释。这方面的研究成果可以为制定残疾人政策提供理论支持和实证。

　　3.环境科学角度：对于环境意识的提升，也可能为传统孝道的弘扬提供助力。环境意识是人类认识和保护环境的思维方式，它逐渐增强人类对环境质量和可持续性的关注和重视。通过教育和宣传，提高人们的环保意识，或许可以提高人们对传统孝道的认同感和执行意愿。

　　需要注意的是，养儿防老传统孝道的缺失涉及很多方面，单一的学科难以提供全面的答案。需要各学科共同协作，从不同的领域进行研究和解释。

　　从上述案例中可以看出，我们的问题从一开始局限在单一学科的社会学，扩展到其他学科，再扩展到经济学和心理学，甚至扩展到第四问中的自然科学。读者先不要纠结它给出答案的质量高低或者知识对错。这个例子主要是为了表明在进行提问时，要警惕自己原有学科知识所带来的画地为牢，而可能失去借鉴其他学科理论和经验的宝贵机会。

第三节　想当然型

在我们与 ChatGPT 进行互动时，往往会对其提供的结果过于轻信，未进行深度的质疑和反思，这其实是一种对信息源的过度依赖。同样，在面对现有的学术研究，尤其是所谓的学术"大佬"的研究成果时，我们往往缺乏勇气对其进行质疑，甚至习惯性地接受权威性研究的观点和结论，而对此并未进行必要的批判性思考。出现这种现象，主要是因为我们常常缺乏一种逆向思维和批判性思维，在学术权威面前，我们的质疑和反思能力往往会显得弱化。

我们应明白的是，任何知识都不应被视为绝对不变的真理，任何学术研究都可能存在不足和改进的空间。在学术研究的过程中，我们应当保持对权威观点的批判性思考，不论是来自学术巨擘的研究还是来自 ChatGPT 的推理，我们都应该以积极的、批判性的态度去理解和思考，以更好地掌握真实的知识，增强自身的研究能力和研究深度。

设想这样一个场景：我们在写作的时候常常需要阅读经典文献，寻找理论来源，我们可以请 ChatGPT 推荐文献，但是对于它所推荐的每一条文献信息，我们都要认真核对。我们可以使用谷歌学术进行信息核对，以验证信息的真伪。在以下案例（例1）中，我们希望它推荐体育社会学经典英文文献，它推荐了5篇文献，我们都要一一进行验证，划横线的内容即为验证结果，从中也能看出文献验证的必要性。

例 1：关于推荐经典文献的案例。

> 请推荐五篇体育社会学领域的经典英文文献，需要提供标题、作者、期刊名、DOI 等信息。

好的，以下是五篇体育社会学领域的经典英文文献及其相关信息。

1.Coakley, J. (1998). Sport in society: Issues and controversies. McGraw-Hill Education. DOI: N/A.（文献为真，但是年份错了）

2.Dunning, E., & Sheard, K. (1979). Barbarians, gentlemen and players: A sociological study of the development of rugby football. Routledge. DOI: 10.4324/97813150810520（文献为真，但是有最新版，2005 年出版）

3.Bourdieu, P. (1990). The logic of practice. Stanford University Press. DOI: N/A.（文献为真）

4.Elias, N., & Dunning, E. (1986). Quest for excitement: Sport and leisure in the civilizing process. John Wiley & Sons. DOI: 10.4324/9780203400865（文献为真，但是并没有 DOI）

5.Messner, M. A. (1988). Sports and male domination: The female athlete as contested ideological terrain. Sociology of sport journal, 5(3), 197-211. DOI: 10.1123/ssj.5.3.197（文献为真）

在以下案例中（例 2），当我们使用 ChatGPT 进行研究方法的学习时，可以先让它进行简要总结，但一定不能错过让它进行批判性思考，也就是我们使用的提示词：你作为研究方法专家，请针对这篇论文的研究方法展开批评，寻找其可能的漏洞。这样在更换提示词后，ChatGPT 马上化身研究方法专家，对论文的研究方法展开批判。

例 2：研究方法的批判性阅读。

以下是某篇论文研究方法的部分内容，请进行简要总结。

（一）变量的测量。1.地方政府竞争压力。根据上文论述可知，地方政府竞争压力与政府绩效的相对位置相关。同时，由于本文主要关注的是地方政府与外资商会之间的关系，因此当地在招商引资领域的相对优势也将成为影响地方政府竞争压力的重要因素。综合以上两点，本文从三个指标来说明地方政府压力的程度与变化：（1）当地与周边同级别地区的 GDP 增速比率的相对位置（领先、持平、追赶）；（2）当地在实际利用外资方面的相对位置（领先、持平、追赶）；（3）在不同时期，当地在招商引资方面与周边同级别地区的比较优势的变化情况（处于优势、各有优势、处于劣势）。三个指标均为定序测量，赋值依次为 0、0.5、1，数据越大表示竞争压力越大。2.中小企业的行业同质性。本文以 1998 年、2008 年、2013 年三年的中国工业企业数据库为基础，通过计算各类行业中小企业的占比情况对地方行业同质性进行测量。

该论文的研究方法主要分为两个部分。

第一部分是关于变量的测量。研究人员选择了三个指标来说明地方政府压力的程度与变化，包括当地与周边同级别地区 GDP 增速比率的相对位置、当地在实际利用外资方面的相对位置和不同时期当地在招商引资方面与周边同级别地区比较优势的变化情况。这三个指标均采用定序测量方法，数值越大表示竞争压力越大。

第二部分是关于中小企业的行业同质性的测量。研究人员使用 1998 年、2008 年和 2013 年的中国工业企业数据库，通过计算各类行业中小企业的占比情况来对地方行业同质性进行测量。

以下是某篇论文研究方法部分的内容，你作为研究方法专家，请针对这篇论文的研究方法展开批评，寻找其可能的漏洞。

　　（一）变量的测量。1.地方政府竞争压力。根据上文论述可知，地方政府竞争压力与政府绩效的相对位置相关。同时，由于本文主要关注的是地方政府与外资商会之间的关系，因此，当地在招商引资领域的相对优势也将成为影响地方政府竞争压力的重要因素。综合以上两点，本文从三个指标来说明地方政府压力的程度与变化：（1）当地与周边同级别地区的 GDP 增速比率的相对位置（领先、持平、追赶）；（2）当地在实际利用外资方面的相对位置（领先、持平、追赶）；（3）在不同时期，当地在招商引资方面与周边同级别地区比较优势的变化情况（处于优势、各有优势、处于劣势）。三个指标均为定序测量，赋值依次为0、0.5、1，数据越大表示竞争压力越大。2.中小企业的行业同质性。本文以 1998 年、2008 年、2013 年三年的中国工业企业数据库为基础，通过计算各类行业中小企业的占比情况对地方行业同质性进行测量。

　　该论文的研究方法在某些方面存在潜在漏洞，主要如下：

　　1.变量定义不够明确。例如，本文中并未明确说明"地方政府竞争压力"指的是什么，其定义可能因为各种原因而存在歧义。同时，对于"招商引资领域的相对优势"是否满足可操作性，也需要进一步关注。

　　2.变量测量方法不够可靠。首先，赋值依次为0、0.5、1的定序测量方法可能带来分类效应，消除了变量本身的差异性，且没有说明不同级别之间数值大小的具体含义。另外，在实际执行过程中，数据采集容易出现误差，比如固定的时间点上所采集的数据可能无法很好地反映地方政府绩效的真实情况。

3.数据来源和样本构建存在隐私问题。该论文并没有对使用的中国工业企业数据库的数据来源和样本构建进行详细描述,以及数据版本、更新和统计口径等信息也没有充分说明,甚至可能涉及商业机密等隐私问题。

4.假设可能不成立。本文假设地方政府竞争压力与政府绩效的相对位置相关,但是并没有引用或提供充足的理论或经验性证据来支持该假设是成立的。除此之外,本文使用的其他假设和模型也存在一些可能不成立的问题。

总的来说,该论文的研究方法需要更加规范、严谨和科学,才能保证其结果的可靠性和有效性。

练习:进行反向思维训练

我是一位【 】专业的研究者,我的研究问题是【 】。请提供3个违反直觉的研究假设,这些假设挑战了传统智慧或共同信念。此外,解释每个假设背后的基本原理。

在以下案例中(例3),当我们需要确认两个变量间的关系时,经常会遇到的一个问题是原因和结果无法确认,有时候,貌似是 A 影响了 B,但也可能是 B 影响了 A,此时,我们就要打破想当然思维,利用 ChatGPT 帮我们梳理反向因果关系的可能性。例如,一般人的观念中,会认为数字区隔对独自生活的老年人的认知能力有影响,我们恰恰可以反其道而行之,请 ChatGPT 辅助探索反向因果关系的可能性。这种反向因果往往蕴藏着某种学术创新。我们能够看到,它给出的 3 个假设超出了一般人的学术想象力,也能够带来创新性的理论预设,这正是我们进行学术研究不可或缺的因素。

例3：寻找反向因果关系。

> 我的研究问题是"数字区隔是否会导致独自生活的老年人的认知能力下降？"请提出3个研究假设，探讨反向因果关系的可能性。此外，解释每个假设的理由。

好的，以下是关于这个问题的3个可能的研究假设，每个假设都探讨了反向因果关系的可能性。

假设一：独自生活的老年人的认知能力下降可能导致他们更易受数字区隔的影响。

理由： 这个假设探讨了另一种可能的因果关系，即认知能力下降可能使老年人更难掌握新的技术和数字工具，从而导致他们更易受数字区隔的影响。这种假设的支持来自老年心理学研究，这些研究表明认知能力下降可能影响个体的学习能力和适应性。

假设二：独自生活的老年人的认知能力下降可能是他们自我选择避免数字工具的一个原因，从而导致数字区隔。

理由： 这个假设基于自我效能理论，即个体的行为受自身能力评价的影响。如果老年人的认知能力下降，他们可能对自己使用新技术的能力缺乏信心，从而选择避免使用数字工具，这可能导致他们陷入数字区隔。

假设三：独自生活的老年人的认知能力下降和数字区隔的出现可能是由第三方变量引起的，如缺乏社会支持。

理由： 这个假设考虑到了可能存在的混淆变量。例如，缺乏社会支持可能导致老年人的认知能力下降（因为他们缺乏刺激和交流），同时也可能导致他们陷入数字区隔（因为他们缺乏人们帮助他们学习和使用数字工具的机会）。这个假设强调了在探索因果关系时需要考虑可能的混淆因素。

这 3 个假设都探讨了反向的因果关系或可能的混淆因素，这些都是在进行研究时需要考虑的重要问题。

第四节　简单粗暴型

简单粗暴型提问是指在与 ChatGPT 进行交互时，提出问题时不附带任何相关背景信息，也没有明确限定任务的具体要求。这样的提问方式类似于职场中某些老板给员工下达任务，而这种模糊而笼统的方式往往会导致人们感到无所适从。对于 ChatGPT 而言，这种提问方式同样无法获得准确和具有针对性的答案。你以简单粗暴的方式向 ChatGPT 提问，ChatGPT 会以同样的方式进行回应。

简单粗暴型提问的最大问题在于其所得到的答案过于宽泛，无法为研究者提供足够的指导，进而无法使他们进行深入和具聚焦性的思考。对于研究者而言，一项缺乏聚焦和深入思考的研究注定是失败的。当研究者面对复杂的问题时，他们通常需要提供相关的背景信息和明确的任务要求，以引导 ChatGPT 生成具有实质性价值的答案。这种提供背景信息和明确要求的方式能够帮助 ChatGPT 更好地理解问题，并使研究者获得准确和有针对性的回答。相比之下，简单粗暴型提问缺乏对问题的界定和限定，使得 ChatGPT 只能提供泛泛而论的回答，无法为研究者的工作提供实质性的支持。对于研究者而言，一项成功的研究需要通过深入的思考和详尽的探索来解决具体的问题。只有对问题进行明确的定义、聚焦和深入的研究，才能获得有意义的结果和洞见。而简单粗暴型提问所带来的答案具有宽泛性，无法满足研究者对问题深入理解的需求，从而限制了研究方向和进展。

因此，研究者应该意识到提问的重要性，并在向 ChatGPT 提问时给出充分的背景信息和明确的任务要求，以便获得更有深度和聚焦性的答案，从而支持他们进行有意义和成功的研究。以下给出的几个案例从不同角度对简单粗暴型问题进行了分析。

例 1：

 推荐几个关于社区社会建设的选题。

以下是几个关于社区社会建设的选题，供参考：

1. 社区发展对社会和经济的影响。

2. 利用社区资源促进社区建设的有效策略研究。

3. 积极参与社区决策对社区发展的影响。

4. 社区居民参与社区建设的动机与阻碍。

5. 在城市化过程中重视社区建设的必要性。

6. 基于本土文化的社区建设理念与实践。

7. 提高社区居民素质促进社区建设的关键因素探讨。

8. 建立健全的社区服务体系促进社区发展。

以上选题涉及的方面较为广泛，从政策层面、社区参与、传统文化等角度进行了探讨，可以根据具体的研究目的和需求选择相应的选题。

例 1 分析： 不清楚是博士论文、硕士论文还是期刊论文或者课题申报，不清楚是开题阶段还是写作阶段。

例2：

推荐有关"双减"政策的参考文献。

以下是有关"双减"政策的参考文献[1]。

1. 陈艳宏，谢玲萍. 高校"双减"政策对教育公平的影响探析 [J]. 高等工程教育研究，2019(6):71-74.

2. 王学军.28 省份取消高速公路省界收费站后将如何追回"双减"税费？[J]. 经济管理报，2018(15).

3. 胡伟，马晓红. 双减政策对企业效率的影响——基于技术创新视角 [J]. 科学管理研究，2019(5):62-69.

4. 杨丹丹，王慧锦. 从"优立法"到"双减"的制度变迁——财政转移支付制度的演进及其启示 [J]. 经济论坛，2018(5):97-103.

5. 宁沐阳. 双减政策下的中国央企改革路径研究 [J]. 国有资产管理，2019(4):66-70.

以上文献从高校、交通、企业、财政等多个领域来探讨"双减"政策的影响和实践案例，涉及政策制定、落实和效果等多个方面，适合作为"双减"政策论文的参考和借鉴。

例 2 分析：是选题阶段、综述阶段，还是写作其他论文部分的阶段？

例3：

关于教育不公平领域的问题、现状与对策，请列出论文提纲。

论文题目：教育不公平领域的问题、现状与对策

第一章　引言

　　研究背景和意义

　　研究现状和进展

第二章　教育不公平的概念及其影响因素

　　教育不公平的定义和特点

　　影响教育不公平的因素分析

　　现代社会背景下教育不公平问题的变化

第三章　教育不公平的现状

　　教育资源分配上的不公平

　　家庭背景对教育的影响

　　学校和教师对学生的偏见与歧视

　　不同地区和城乡之间的教育不平衡

第四章　教育不公平问题的对策

　　改善教育资源分配，促进均衡发展

　　提高教育质量和公正性

　　加强学校和教师的培训，减少教育偏见和歧视

　　推动教育公平制度建设

第五章　国外教育不公平问题的经验和启示

　　美国教育不公平问题的现状和政策措施

　　欧洲国家教育不公平问题的对策和实践

　　亚洲地区教育不公平问题的解决之路

第六章　结论与展望

　　教育不公平问题的主要特征和表现形式

　　教育不公平问题的根本原因和制约因素

　　教育不公平问题的改善对策和实践经验

> 未来教育公平问题的趋势和发展方向
>
> 参考文献

例3分析：选题过大，容易造成"面面俱到就是面面不到"的"摊大饼"结构，而好的研究问题是"挖深井"的模式。

例4：

> 请针对乡村振兴中的孝文化写一个 2000 字左右的综述。

孝文化在乡村振兴中的作用

引言

乡村振兴是当前我国社会发展的重要战略，也是实现全面建设社会主义现代化国家目标的关键环节。而孝文化作为中华民族传统的核心价值观，具有丰富的内涵和深远的影响力。在乡村振兴过程中，孝文化发挥着重要作用，促进了乡村社会的和谐发展、社会信任的建立以及人们对农村地区的情感认同。本文将对孝文化在乡村振兴中的作用进行综述，旨在进一步探讨如何借助孝文化推动乡村振兴战略的实施。

一、孝文化与乡村精神文明建设的关系

孝文化作为中华民族的优秀传统，强调尊敬父母、孝顺长辈，注重家庭和睦和社会和谐。乡村精神文明建设是乡村振兴战略的基础和内在要求，强调道德伦理、人际关系和社会公德等方面的培育和提升。孝文化与乡村精神文明建设有着紧密的联系。一是孝文化强调家庭伦理和家族道德，对培育良好的家庭关系和家庭氛围具有重要的意义。这有助于建立和谐的家庭，为乡村社会提供了坚实的基础。二是孝文化注重尊重长辈和尊重传统，有助于培养乡村社会中的尊老敬老风尚。这有利于形成相互关心、相互帮助的乡村社会关系，促进社会和谐发展。因此，乡村振兴战略需要发扬孝文化，加强乡村精神文明建设，提升乡村社会的道德水平和文明程度。

二、孝文化对乡村社会信任的建立

乡村振兴战略的实施需要建立良好的社会信任机制，以增强各方主体的合作和共建意愿。而孝文化在此过程中发挥着重要的作用。首先，孝文化倡导尊重和关爱他人，培养了人们的亲情意识和社会责任感。这有助于乡村社会中的邻里互助和相互支持，形成了信任的基础。其次，孝文化注重传统文化的传承和弘扬，凝聚了人们的情感认同和文化共同体意识。这为乡村社会信任的建立提供了重要的精神纽带。最后，孝文化还强调人与自然的和谐共生，使人们对农村地区的环境保护和生态文明建设产生关注。这有助于形成人与自然和谐共生的价值观，增强社会对乡村的信任。因此，借助孝文化的力量，能够促进乡村社会信任的建立，为乡村振兴提供可靠的合作基础。

三、孝文化对乡村社区治理的影响

乡村社区的良好治理是乡村振兴的重要保障。孝文化在乡村社区治理中发挥着重要的作用。首先，孝文化倡导尊重和关心他人，强调家庭的和睦与和谐。这为乡村社区提供了良好的人际关系基础，促进了邻里之间的和睦相处和相互帮助。其次，孝文化注重长辈的权威和社会的传统价值观，有助于塑造乡村社区中的良好道德风尚和社会规范。这有利于乡村社区的公共秩序和社会稳定。最后，孝文化对乡村社区的社会活动和公益事业也有着积极的影响。孝文化激发了人们对社区的参与和贡献意识，推动了乡村社区的共建共享。

因此，孝文化在乡村社区治理中的发挥，对于乡村振兴的可持续发展具有重要意义。

结论

乡村振兴是当前我国社会发展的重要任务，而孝文化在其中扮演着重要的角色。孝文化与乡村精神文明建设、社会信任的建立以及乡村社区治理等方面密切相关。通过弘扬孝文化，我们能够培育和强化乡村社会的道德伦理，增强社会的信任与凝聚力，促进乡村社区的和谐发展。在乡村振兴战略的实施中，我们应该进一步加强对孝文化的宣传和教育，引导人们树立正确的价值观，发扬传统美德，推动乡村振兴事业的蓬勃发展。

综述结束。

例 4 分析：是在什么场合下的文献综述，没有交代清楚。文献综述具体怎么写，也没给出提示。这些都导致综述写成了简单介绍型，而不是主题分类型。

例 5：

以《家庭育儿的功能转移》为论文题目，帮我写一篇 10000 字的学术论文。

很抱歉，作为一个 AI 语言模型，我并不能为您撰写一篇完整的学术论文。然而，我可以为您提供一些关于"家庭育儿的功能转移"的信息和思路，希望能对您有所帮助。

首先，什么是"家庭育儿的功能转移"呢？简言之，家庭育儿的功能转移指的是在传统家庭育儿观念、方式和技能等方面发生了变化，在父母与子女之间的功能转移上，父母不再是唯一的权威和知识来源，越来越多的父母开始从孩子身上学习，对孩子的教育方法也开始进行新的探索和尝试。这种现象在当今社会中非常普遍，也引起了人们的广泛关注和研究。

接下来，可以针对这个话题进行具体的深入探讨和研究。例如，以下是一些可能的论文题目和内容。

1. 家庭育儿的功能转移如何促进家庭亲子关系的建立和发展？

本部分可以重点探讨家庭育儿的功能转移如何影响父母与孩子之间的关系，以及如何促进家庭团结和亲密度的提升。还可以从心理学、教育学等角度阐述这种变化对亲子关系有哪些好的影响和不利影响。

2. 家庭育儿的功能转移对父母角色认同的影响是什么？

本部分可以探讨家庭育儿的功能转移如何使父母重新关注自身角色的定位和意义，并且从孩子的成长中获得更多的满足感。同时，也需要注意这种变化可能导致角色认同的混乱和不确定性，因此要做出系统而细致的论述。

3. 家庭育儿的功能转移与科技发展的关系是什么？

本部分可以针对当今社会科技发展的背景下，家庭育儿的功能转移现象进行探究，分析数字化时代所带来的教育方式和手段变革，以及它们如何改变了家庭之间的力量平衡。此外，也可以思考新创的育儿模式和教育体系，它们如何引领家庭育儿向更为人性化、智能化的方向前进。

当然，以上只是一些可能的思路和方向，具体的论文题目和内容还需要结合您的研究方向和具体情况来确定。在写作过程中，不仅要注重分析现象、找出问题，还要深入挖掘和思考，从更高层次和更广阔的范围进行准确而有条理的论述。

例 5 分析： 写论文要遵循一定的步骤，首先要确定选题，然后根据选题生成论文提纲，有了提纲并进行调试，达到自己的要求后，再分别撰写各部分。

第五节　问题不当型

问题不当型指的是向 ChatGPT 提问时，提问者错误理解了某些学术概念的内涵，或者不清楚完成某项工作所需要的正确的流程节点。例如，研究者想要进行一项关于人工智能在医疗领域应用的研究，但是他并不了解医学领域的相关概念和流程，他可能提出以下不当的问题："如何使用人工智能来治愈糖尿病？"

这个问题的不当之处在于研究者没有充分理解医学领域和糖尿病治疗的复杂性。人工智能在医疗领域的应用需要结合医学专业知识、临床实践和科学研究，而治愈糖尿病需要多个维度的综合治疗方案，而不是简单依赖人工智能算法的应用。

问题不当型的提问容易导致 ChatGPT 给出错误或不准确的答案，因为它无法知道提问者存在错误理解或缺乏相关知识的情况。因此，提问者在向 ChatGPT 提问时应尽量确保自己对相关领域的概念和流程有清晰的了解，以便提出准确、具体和有针对性的问题，从而获得有意义的回答。

请综述马克思《资本论》这本书的内容。

《资本论》是马克思主义经济学的代表作之一，被誉为政治经济学的"圣经"，书中对资本主义的本质、历史及内在矛盾进行了深刻剖析，是社会科学领域里具有深度和影响力的著作。其内容涉及广泛，以下为《资本论》的主要内容综述。

第一卷：商品与货币

首先，马克思用价值学说来解释商品的概念，并指出商品的使用价值和交换价值的关系。他认为，商品的真正本质在于商品的价值，而价值是由生产过程中所消耗的社会必要劳动时间决定的。此外，马克思还讨论了货币的起源和发展，以及货币在资本主义生产关系中的作用。

第二卷：剩余价值

马克思认为，商品的生产不仅需要替换生产成本，还需要创造剩余价值。剩余价值是指工人创造的超过生活必需品所必需的那份价值的部分，也就是资本家用于扩大生产和获得更高利润的价值。马克思对资本主义剥削的本质和形式进行了深入分析，讨论了生产过程中劳动力的价值、剩余价值率、相对剩余价值和绝对剩余价值等重要概念。

第三卷：资本的流转

在本卷，马克思解释了利润率和利润的概念，讲述了资本之间和国与国之间的流通，以及如何在这些流通中实现对剩余价值的掠夺。他探讨了货币资本、生产资本和商品资本的不同运作方式，分析了它们之间的相互关系及其对经济稳定性的影响。

总体来说，《资本论》是一部深刻洞察资本主义本质的著作，提供了一个系统的理论框架用于审视资本主义经济体系。此外，该书的许多概念和分析方法仍被广泛应用于现代社会的科学研究中，为人们提供了深刻的理论思考和启示。

分析：如果介绍一本书，应该使用"书评"等概念，而不应该使用"综述"。"综述"是专门针对已有研究进行综合和评价，分为单独的综述型文章以及一般性学术论文中的综述部分。同理，一篇论文的摘要已经清晰给出了研究问题、研究结论、研究方法、理论视角、研究背景和研究意义等，因此并不需要 ChatGPT 再进行整理。

第六节　缺乏比较型

缺乏比较型提问指的是在向 ChatGPT 提问时，缺乏比较思维，无法看到人类社会与文化内部存在的复杂性与差异性。在人文社会科学的研究中，我们的主要研究对象是人类以及其构成的社会，这一研究对象本质上包含丰富且复杂的差异性。因此，当我们进行研究提问时，必须充分考虑到这种差异性，其中一种重要的方式就是理解和把握组内的同质性与组间的异质性。也就是说，我们需要辨识在相似环境或背景下个体（组内）之间的共同点，同时也要研究不同环境或背景下个体或群体（组间）之间的区别。

此外，从比较的角度进行提问也是一种有效的研究方式。比较研究的基本思路通常可以分为两种，即横向比较和纵向比较。横向比较主要基于空间维度，比如比较不同地域、不同文化、不同国家之间的差异。纵向比较则主要基于时间维度，比如研究同一社会或文化在不同历史时期的变化，或者比较不同时期的社会、文化等的差异。

这两种比较思路都可以帮助我们更好地理解社会现象的本质，揭示社会现象背后的规律，并对社会现象的产生、变化和影响进行更深入的分析和理解。以下案例通过分栏对比的方式来展示运用比较思维和没有运用比较思维的差异。第一个案例是从时间角度展示的纵向差异，第二个案例是从空间角度展示的横向差异。由第一个案例能够看到，当从时间分期的角度来重新提问，就会得到更为具体的划分为不同历史阶段的马克思主义的传播。由第二个案例能够看到，当依据研究问题请 ChatGPT 辅助匹配研究方法的时候，它给出的答案并不是我们所期待的，但是当我们给出一些常见的方法，并请它进行分析的时候，它就给出了每一种方法的优缺点，并进行了细致的横向比对，方便研究者做出正确的决策。

如何看待马克思主义在中国的传播？

马克思主义在中国的传播和发展是一个复杂的历史过程，涉及多个方面的因素。以下是我对此问题的一些看法。

1. 马克思主义与中国社会实际的结合。马克思主义在中国的传播，首先是因为它的基本原理和中国的社会实际有着深刻的契合。在中国近代史的背景下，马克思主义的阶级斗争理论、社会主义理想等观念，对于中国人民寻求社会公正和国家独立有着重要的启示和指导作用。

2. 马克思主义在中国的本土化。马克思主义在中国的传播和发展，不能脱离中国的历史文化背景和社会实际。中国共产党和中国人民在接受和运用马克思主义的过程中，始终坚持把马克思主义的普遍原理与中国的具体实际相结合，进行了一系列创新和发展，形成了具有中国特色的社会主义理论体系。

3. 马克思主义在中国的影响。马克思主义在中国的传播，对于中国的社会变革和现代化建设，产生了深远的影响。马克思主义成为中国社会主义建设的指导思想，对于中国的政治、经济、文化等各个领域都产生了深刻的影响。

4. 马克思主义在中国的未来。在新的历史条件下，中国将继续坚持和发展马克思主义，使之更好地服务于中国的现代化建设和社会进步。同时，中国也将积极推动马克思主义的国际传播，为全球的社会公正和人类进步作出贡献。

总的来说，马克思主义在中国的传播是一个深入人心、影响深远的过程。它不仅深刻改变了中国的社会形态，也深刻影响了中国人民的思想观念和价值取向。

如何看待马克思主义在中国不同发展时期的传播，不同阶段各自有什么样的特征？

马克思主义在中国的传播和发展经历了不同的阶段，每个阶段都有其独特的特征和影响。以下是我对这个问题的一些理解。

初期传播阶段（1919—1949 年）。这个阶段主要是马克思主义的初步传播和接受阶段，以五四运动为标志，马克思主义开始在中国传播。在这个阶段，主要通过翻译和出版马克思主义经典著作，以及一些学者和知识分子的讲座、文章等形式来传播马克思主义。这个阶段的特征是马克思主义的传播主要在知识分子中进行，而且主要是理论的传播和学习。

建党和革命阶段（1921—1949 年）。这个阶段以中国共产党的建立为标志，马克思主义开始在中国的政治生活中发挥重要作用。在这个阶段，主要通过中国共产党的政治活动和革命斗争，以及一些马克思主义教育和培训等来传播马克思主义。这个阶段的特征是马克思主义的传播主要在工人和农民中进行，而且主要是实践的传播和运用。

社会主义建设阶段（1949—1978 年）。这个阶段以中华人民共和国的成立为标志，马克思主义成为中国的指导思想。在这个阶段，主要通过政策法规以及教育和宣传等来传播马克思主义。这个阶段的特征是马克思主义的传播主要在全社会进行，而且主要是制度的传播和实施。

改革开放和现代化建设阶段（1978年至今）。这个阶段以改革开放为标志，马克思主义在中国的发展进入了新阶段。在这个阶段，主要通过改革开放和现代化建设实践，以及一些理论研究和教育等来传播马克思主义。这个阶段的特征是马克思主义的传播主要在全社会进行，而且主要是创新的传播和发展。

总的来说，马克思主义在中国的传播和发展是一个从理论到实践，从知识分子到全社会，从接受到创新的过程。在这个过程中，马克思主义不断与中国实际相结合，形成了具有中国特色的社会主义理论体系。这个过程既有中国特色，也有马克思主义的普遍性，体现了马克思主义的生命力和时代性。

我的研究问题是"送餐服务和网上生鲜购物在解决食品问题方面发挥了什么作用？"请为我推荐合适的研究设计方案。

这是一项非常有意义的研究，涉及现代社会中的食品供应和消费模式问题。以下是我为你设计的一种可能的研究方案。

文献回顾。首先，你可以查阅相关的学术文献，了解送餐服务和网上生鲜购物在解决食品问题方面的现有研究。这可以帮助你了解这个领域的研究现状，为你的研究提供理论背景。

定量研究。你可以设计一项问卷调查，了解消费者使用送餐服务和网上生鲜购物的情况，包括他们使用这些服务的频率、原因、满意度等。这可以帮助你了解这些服务在解决食品问题方面的实际效果。

定性研究。你也可以进行一些深度访谈或者案例研究，了解消费者对于送餐服务和网上生鲜购物的具体感受和体验。这可以帮助你了解这些服务在解决食品问题方面的深层影响。

数据分析。根据收集到的数据，你可以进行一些定量和定性的数据分析，比如描述性统计、回归分析、主题分析等。这可以帮助你总结和解释你的研究结果。

结论和建议。最后，你可以根据你的研究结果，得出一些关于送餐服务和网上生鲜购物在解决食品问题方面的结论，以及对于未来研究和实践的建议。

这只是一个基本的研究设计方案，你可以根据自己的具体研究目标和条件进行修改和补充。希望这个方案对你的研究有所帮助！

我的研究问题是"送餐服务和网上生鲜购物在解决食品问题方面发挥了什么作用？"请提供一些有助于解决我的研究问题的替代性研究设计，并解释每个选项的优点和缺点。您可以从以下研究设计中进行选择：田野民族志、扎根理论、案例研究、横截面研究、实验研究、纵向研究等。

以下是关于你的研究问题的几个可能的研究设计方案，以及每个设计方案的优缺点。

田野民族志研究。你可以通过实地观察和深度访谈的方式，去了解送餐服务和网上生鲜购物是如何在现实中解决食品问题的。这种方法的优点在于，你可以获得详尽的一手数据，有助于你全面了解和分析这个问题。然而，这种方法也有一定的局限性。例如，耗时较长，需要花费大量的精力和时间，且数据分析的过程可能相对复杂。

案例研究。你可以选择某一个或几个具体的送餐服务和网上生鲜购物的实例进行深入研究，通过这些具体的案例来探究它们在解决食品问题方面的作用。这种方法的优点在于，你可以针对特定情况下的现象进行深入研究，得到具体和细致的观察结果。然而，由于案例研究的范围相对较小，所得出的结论可能难以推广至其他场景。

横截面研究。你可以选择在一定时期内收集送餐服务和网上生鲜购物的相关数据，了解其在解决食品问题方面的状况和影响。这种方法的优点在于，你可以获得大量的数据，有助于你从宏观层面去理解和分析这个问题。然而，这种方法的局限性在于，它只能提供某一特定时期的情况，难以揭示长期的变化和发展趋势。

纵向研究。你可以选择长期跟踪某一送餐服务或网上生鲜购物的发展，了解其在解决食品问题方面的持续影响和变化。这种方法的优点在于，你可以观察到随时间推移这个问题的变化和发展，可以从时间维度上深入理解问题的性质。然而，这种方法同样需要大量的时间和精力，并且可能面临数据收集和分析的挑战。

以上各种方法并不是孤立的，你可以根据实际的研究需求选择合适的组合方法，以获取更全面、深入的研究结果。

对上述 6 种常见的错误提问方式进行深入的分析，我们发现，这六种错误的提问方式之所会出现，根本原因在于研究者对提问背后的学术思维理解得不够深刻。主要包括以下 6 种思维方式。

第一，理论升维思维。这种思维方式针对的是首种错误提问方式，也就是过度依赖具象经验而忽视理论抽象的问题。理论升维思维强调将具体的经验现象提升到高层次的理论层面，从而帮助我们深刻、全面地理解和解释经验现象。

第二，跨学科思维。这种思维方式是对第二种错误提问方式的纠正，即过于局限于自己的学科领域，无法充分发挥 ChatGPT 的跨学科知识库优势。跨学科思维鼓励我们打破学科界限，借鉴、运用来自不同学科的知识和理论，实现"他山之石，可以攻玉"的效果。

第三，批判性思维。这针对的是第三种错误提问方式，即对权威观点或研究缺乏必要的批判态度。批判性思维强调独立思考，对所有信息包括权威观点持开放、怀疑的态度，促使我们深入分析和评价问题。

第四，情境思维。这是对第四种错误提问方式的改正，也就是忽视了情境背景的影响。情境思维强调理解和考虑研究现象的特定环境和背景，这有助于我们全面地理解和解释现象。

第五，概念思维。这种思维方式针对的是第五种错误提问方式，即未能充分利用或理解重要的概念或术语。概念思维强调对关键概念的理解和运用，通过明确、精确的概念来促进思考和研究。

第六，比较思维。这是针对第六种错误提问方式的改正，即未能充分利用比较研究的优势。比较思维强调通过比较不同对象或不同情境，揭示其中的相似性和差异性，以便更深入地理解和解释研究现象。

这 6 种学术思维方式都是对提问能力的提升和完善，能够帮助我们避免常见的错误提问方式，拓展研究的深度和广度。从第三章到第七章，我们将逐一进行提示词模型的讲解。

第三章
prompt 初级模型（上）

从本章开始，我们将进入深层次的讲解，重点关注基础的提示词模型的构建和使用。本章将围绕五个核心的基础提示词模型展开，这 5 个模型分别为指示模型、角色设定模型、简单任务模型、案例示范模型和头脑风暴模型。

指示模型的提问方式是明确而直接的，目的是获取某一特定类型的信息。使用指示模型提问时，你需要将你的需求明确地表达出来，这要求你在提问时尽可能思路清晰、内容具体。

角色设定模型是通过设定特定的角色来引导 ChatGPT 生成相应的文本。这种模型非常适用于模拟特定的社会角色或职业角色，并以此角色的视角来进行文本生成。

简单任务模型的提问方式是将问题简化为一系列具体的任务，这种方式可以有效地引导 ChatGPT 进行具体的操作或者解决具体的问题。

案例示范模型则是通过提供具体的案例来引导 ChatGPT 进行相应的推理或者分析。这种模型非常适用于希望通过实际情境来获得深入理解的情况。

头脑风暴模型旨在创造性地探索和解决问题。在这种模型下，你可以自由地提出各种想法，不论它们是否具有传统意义上的逻辑连贯性，从而激发新的思考和灵感。

这 5 个基础提问模型都具有各自的特性和适用场景，你可以根据自己的研究需求，灵活选择和使用。在本章的讲解过程中，我们将逐一进行详细的解析和示范，帮助你更好地理解和掌握这些模型。

第一节　指示模型

模型内容

指示模型是一种通过提出明确指示来引导 ChatGPT 产生特定输出的策略。这个技术对于保证生成内容的相关性和高品质极为重要。若想采用指示模型的方法，你需要向模型提出明确、简洁且具体的任务指示。只有这样，模型才能根据你的预期产生令人满意的成果。

模型公式

> 完成一个【任务】，并满足以下要求：【具体要求】。

适用的学术场景

该模型适用于任何学术场景，包括调研、方法设计、基础知识问答、撰写读书笔记、撰写课堂作业、联系辅导老师、撰写"套瓷"邮件、撰写专家推荐信、制作答辩 PPT（幻灯片）等。

模型实际操作举例

在模型实际操作当中，我们以没有指示词和有指示词两种情形来进行案例对比展示。其中左栏是没有指示词的提问，右栏是有指示词的提问。

例1：辅助撰写研究生组会发言稿。

请以农民工的城市融入为主题写一篇研究生组会发言稿。

尊敬的导师和各位同学们：

我今天要谈论的主题是农民工的城市融入问题。这在当前社会是一个热点问题，也是我正研究的主题。农民工是中国现代化进程中无法忽视的一个群体。然而，他们在城市生活中面临着很多困难和挑战。

首先，我们需要认识到农民工在城市生活中的特殊位置。他们既不是城市居民，也不是外来人口。他们来自农村，但在城市中工作和生活。由于户籍制度的限制，他们的社会保障、医疗保障、教育等许多方面都比城市居民差。与此同时，他们在城市中的工作和生活也面临着许多困难。

其次，我们需要找到解决问题的办法。城市融合应该是我们共同的目标。政府应该优先考虑农民工的政策和生活保障。例如，加强对中小企业的扶持，提高农民工的工资待遇，公平招标，为农民工提供更好的医疗服务，加强农民工子女的教育和培训等。同时，社会和市民也应该加强对农民工的尊重和关注，让他们感到被认可和被尊重。

最后，我们需要统一协调和沟通，解决农民工在城市中的融入问题需要所有相关方面的共同努力。只有统一协调和沟通，才能够真正解决这个问题。

总之，农民工城市融入问题是一个长期而复杂的过程，需要政府、市民、社区和农民工等多方的共同努力。让我们一起关注这个问题，为促进社会的和谐发展贡献自己的力量。

谢谢大家！

请以农民工的城市融入为主题写一篇研究生组会发言稿，要求：1. 不少于 2000 字；2. 包括研究问题、文献综述、现有研究的不足、计划使用的研究方法；3. 请使用严谨、规范的社会学学术语。

尊敬的老师们和各位同学：

我今天发言的主题是关于农民工在城市融入问题的研究。近年来，我国加速城镇化进程，大量农民工涌进城市，在城市生活中扮演着重要的角色，但是他们在城市融入的过程中仍然面临重重难关。本研究选取这一问题为研究对象，对目前的研究现状、不足和未来方向进行探讨。

一、研究问题

农民工作为劳动力的市场份额和个体数量不断增加，却一直处于城市发展的边缘地位，面临着种种困境。这样的现象引发了一个问题：如何提升农民工在城市融入过程中的社会经济地位和获得感？本研究还将深入解析农民工在城市融入背景下具体的社会经济问题，并探索社会政策和制度等各方面产生的影响。

二、文献综述

目前国内研究农民工问题主要集中在加深农民工与城市的联系和研究其在城市化进程中所面临的困难。在此过程中，学者们提出了诸多建议和政策性措施。例如，一些学者主张消除户籍限制，提高城市居民的游离性，扩大公民权利。还有一些研究者强调加强对农民工的教育、培训等，提高农民工的职业技术水平和社会融入能力。

然而，这些研究不可避免地存在诸多问题。比如，大多数研究只从单一的角度解决问题，缺乏多元的视角，无法全面俯瞰问题。同时，这些研究往往缺少实证数据和有效的社会评估，缺乏科学性和公信力。

三、现有研究不足

由以上文献综述可以看出，国内研究农民工问题存在一些不足。首先，目前研究尚未深入探讨农民工在城市融入中的具体阶段和特征。农民工在城市中相对孤立无助，缺乏认同感，其城市融入需经历怎样的过程，这仍然是未解决的问题。其次，对于政策的效果和社会评估存在缺失，只是停留在建议层面，没有从实践的角度进行大量的批判性检验。最后，目前的研究很少探讨农民工需要如何适应市场经济和全球化发展的特点，认为农民工在城市融入问题上的挑战大多是社会政策和制度上的问题，而忽视了市场因素的作用。

四、计划使用的研究方法

本研究拟采用定量和定性研究相结合的方法，并结合实际调查数据，将重点放在以下方面。

1. 调研农民工在城市融入的各个阶段，探索其现实生活和心理变化

2. 分析全国已有政策，对这些政策进行评估和分析，提出新的政策推荐。

3. 采集分析就论文所选问题及相关内容的语料，运用社会学理论分析数据，寻找规律。

4. 组织焦点访谈和小组讨论，了解农民工在社会融入和经济地位方面的个人经验、看法和建议。

预期结果将对公共决策与策略和道德和伦理方面提出建议。我们希望通过本研究为农民工在城市化中的推进和中国社会的发展提供了一份参考。

谢谢。

我们能够看到，使用了指示词的提问，更具结构性和学术性，输出的内容中学术概念和语词的出现频率也高于未使用指示词的提问。

例 2：辅助撰写"套磁"邮件。

我正在申请中国人民大学经济学专业博士，我的意向导师的研究方向是农林经济管理，请帮我写一份"套磁"邮件。

尊敬的 ×× 导师：

　　您好！我是一名有志于攻读中国人民大学经济学专业博士学位的申请者，在查阅了您的个人资料和代表作之后，我被您在农林经济管理领域所取得的成就深深吸引。因此，我决定向您表达我的认可和钦佩，同时询问是否有可能成为您的研究生和合作伙伴。

　　我认为，在您的指导下攻读博士学位，能够帮助我掌握更加深入的农林经济管理领域的理论知识和研究方法，提高我的思考能力和创新能力，更好地适应未来的学术和职业发展。同时，我也非常愿意为您的研究项目贡献自己的智慧和努力，积极参与您的项目研究和教学工作。

　　希望得到您的回复。对于我的申请表现出的热情和执着，您会有更多的了解。期待以后与您的合作，再次感谢您抽出时间阅读邮件和关注！

　　　　此致

敬礼！

　　　　　　　　　　　　　　　　　申请者：×××

　　　　　　　　　　　　　××××年××月××日

我正在申请中国人民大学经济学专业博士，我的意向导师的研究方向是农林经济管理，请帮我写一份"套磁"邮件。邮件内容包括：第一，自我介绍部分（以下内容供参考并进行扩展：我叫张三，目前就读于郑州大学，硕士研究生，专业方向为农业经济，立志从事学术研究工作，在读研期间发表一篇北大核心论文）。第二，表达对导师学术成就的认可以及期待加入导师研究团队的愿望。第三，陈述自己未来的研究计划，如果能够有幸跟随导师读书的话，将聚焦什么领域开展研究，给出时间表和路线图。第四，整体的文字风格要有逻辑和理性，但也需要饱含情感，表达出学术群体的真挚情感。第五，整体文字不少于1000字。第五，我是跨专业考博，请陈述跨专业考博的优势。

尊敬的××教授：

您好！我是郑州大学农业经济专业的硕士研究生张三，非常荣幸有机会给您写信，表达我对您的研究成就的认可，并表达我加入您的研究团队的强烈愿望。

首先，请允许我向您介绍一下我自己。我对农业经济学的研究充满热情，并立志从事学术研究工作。目前我正在郑州大学攻读硕士学位，专注于农业经济领域的研究。在研究生期间，我通过不懈的努力和深入的研究，成功发表了一篇北大核心期刊论文，这让我更加坚定了追求学术的信念。

我对您在农林经济管理领域的卓越贡献和丰富经验表示深深的敬佩。在过去的研究中，您的学术成就和学术声誉都赢得了广泛的认可。一直以来您的研究团队都以开创性的研究和对实际问题的深入洞察而闻名。我对您的研究充满了浓厚的兴趣，并且渴望有机会加入您的团队，向您学习。

如果我有幸成为您的学生，我计划将研究聚焦在农林经济管理领域。具体而言，我希望深入探索农业供应链管理、农村发展与可持续性等方面的研究问题。我相信这些研究具有重要的现实意义和广阔的发展空间。通过我的学术研究，我希望能够为解决我国农林经济管理领域的实际问题贡献力量。

为了实现这些研究目标，我已经制订了一个初步的时间表和路线图。在博士研究的第一年，我计划通过广泛的文献综述和数据收集，全面了解农林经济管理领域的研究现状和热点问题。第二年，我计划开展深入的定量和定性研究，以解决一些具体的研究问题，并进行实证分析。最后一年，我将着重于论文的撰写和学术交流，力求在学术界取得有影响力的研究成果。

我深知跨专业考博的挑战和机遇，并相信我的跨专业背景可以成为我在研究中的优势。在农业经济学的学习过程中，我不仅注重理论研究，还广泛涉猎了相关领域的知识，如农业科技创新、农村社会发展等。这使得我能够以更全面的视角看待问题，从而提供更深入的研究思路和解决方案。

最后，我想再次表达我对您的敬佩和对加入您团队的渴望。我希望能有机会与您面谈，进一步讨论我的研究计划和研究合作的可能性。如果需要，我随时可以提供详细的个人信息和申请材料。再次感谢您抽出宝贵时间阅读我的邮件，期待您的回复。

致以真诚的问候。

张三

由输出结果对比，我们能明显看到两者的差别，给定了指示词的提问效果更好，输出结果更全面，文字长度也更长。

例3：辅助撰写论文前言。

我的学术论文题目是《大学的组织目标偏移对教学效果的影响》，请撰写前言部分。

前言是学术论文中的重要组成部分，通过前言，读者可对整篇论文的研究内容和方法有初步的认识。本文的研究主题是大学的组织目标偏移对教学效果的影响，旨在通过实证分析探讨大学组织目标与教学效果间的关系，并进一步提出有效的管理建议。

当前，高等教育正面临着许多挑战和变革，如亟须提升创新能力、适应社会经济发展需要、积极推进国际化和普及化进程等。在这样的背景下，大学组织的目标必然随之变化，不断偏离传统的"人才培养"目标，向着更加综合性、多元化、适应性强的方向发展。虽然这种目标转变可以为大学带来广阔的发展空间，但也会产生一系列复杂的问题。其中，教学效果是大学的基本目标，直接关系到教育质量和学生发展。如果大学的组织目标偏移对教学效果构成了负面影响，就有可能威胁到大学的发展。

因此，本文旨在对大学的组织目标偏移对教学效果造成的影响进行深入分析和研究，以探讨其背后的原因与机制，并在此基础上提出相应的管理策略和建议。文章主要分为以下几个部分：第一部分，通过查阅相关文献，梳理了大学组织目标转变的现实意义和相关理论；第二部分，归纳总结了大学组织目标与教学效果的关系及其影响机制；第三部分，采用实证研究方法，对大学的组织目标偏移对教学效果的影响进行量化分析；第四部分，根据研究结果提出了一些可供参考的建议和管理策略。通过这一系列研究，我们可以更好地认识大学组织目标偏移对教学效果的影响，推动高等教育的持续发展和进步。

我的学术论文题目是《大学的组织目标偏移对教学效果的影响》，请帮我撰写前言部分。

要求：

1. 前言需要交代研究背景、研究不足、研究问题、研究价值和研究意义。

2. 正文部分需要有参考文献，并采用（著者，出版年）格式，请只匹配英文文献。

3. 需要在完成整个前言写作后罗列参考文献，参考文献需要有可靠的来源。

4. 以中文的形式输出内容，前言字数不少于1000字。

前言

研究背景

在当代高等教育中，大学的教学效果一直备受关注。大学的组织目标是指大学作为教育机构所追求的长期目标和理念，它在很大程度上塑造和影响着大学的发展和运作。然而，随着高等教育的快速发展和社会需求的变化，一些大学的组织目标逐渐偏离了教学的核心，转向了其他方向，如科研、产业合作等（Smith，2018）。这种组织目标的偏移可能对大学的教学效果产生重要影响。

研究不足

尽管大学的组织目标偏移对教学效果的影响是一个重要的研究议题，但目前关于这方面的研究还相对较少。现有的研究主要集中在教学质量评估和教学改革等方面，较少关注大学组织目标的变化对教学效果的具体影响。因此，有必要对大学组织目标偏移对教学效果的影响进行深入研究。

研究问题

基于以上背景和不足，本研究旨在探究大学的组织目标偏移对教学效果的影响。具体而言，研究将围绕以下问题展开探讨：大学的组织目标偏移对教学质量的影响是怎样的？这种影响的机制是什么？同时，本研究还将考察可能的因素（如学科专业、学生特征和教师因素等）对组织目标偏移与教学效果之间关系的调节作用。

研究价值和研究意义

本研究对于深入了解大学组织目标偏移对教学效果的影响具有重要的理论和实践价值。首先，通过研究大学组织目标与教学效果的关系，可以揭示大学的教育使命和目标与教学实践之间的联系，为大学组织目标的制定和调整提供科学依据（Brown，2019）。其次，研究结果可以为大学教育管理者提供决策参考，帮助他们更好地平衡大学的发展目标和教学质量，促进教学改革和提高教学效果。最后，研究结果还有助于促进学术界对于大学组织目标与教学关系的理论探索，丰富教育管理领域的研究内容。

综上所述，本研究旨在探究大学的组织目标偏移对教学效果的影响。通过对这一问题的研究，我们希望能够深入了解大学组织目标与教学效果之间的关系，并为提高大学教学质量和促进教学改革提供有益的建议和决策支持。

参考文献：

• Smith, J. (2018). The impact of organizational goal deviation on teaching effectiveness. Journal of Higher Education, 45(2): 123-145.

• Brown, A. (2019). Aligning organizational goals and teaching practices in universities. Higher Education Research and Development, 36(3): 345-362.

从输出结果看，未使用指示词的输出结果虽然指出了研究背景，但是没有指出已有研究的不足，也没有指出明确的研究问题，最后一段的写作在进行章节结构的介绍时没有写清楚研究价值和意义，总体看不太规范。当使用了指示词再进行提问后，ChatGPT 严格依照指示词的四点要求进行了更高质量的输出。

模型总结

首先，指示模型是所有模型中基础的一种，对于确定问题的边界和引导模型产出结果具有关键性影响。

其次，为了能高效地使用指示模型，我们需要深入理解不同学术场景的独特逻辑，包括选题逻辑、综述逻辑、方法逻辑以及论证逻辑。

再次，指示模型中的表述主要依赖名词和动词，所以我们需要仔细鉴别是否有可能产生歧义的词语，或者对机器来说理解起来困难的词语。

最后，在需要的情况下，我们可以先询问 ChatGPT 对某个模型或分析思路的理解，如果我们对已有的模型有了解，也可以直接向它提供提示。

第二节　角色设定模型

模型内容

角色设定模型是一种通过为模型提供特定角色来指导 ChatGPT 输出的方法。这种模型对于生成针对特定角色的内容很有帮助。使用角色设定模型，研究者需要为模型提供一个清晰而具体的角色。

例如，如果你正在准备论文答辩，你将提供一个角色，比如"答辩指导教师"。

模型公式

作为一个【角色】，完成某项【任务】。

适用的学术场景

可以让 ChatGPT 扮演学术场景中的任何一个角色，如研讨会主持人、读书会发起人、在读本科生、在读硕士生、在读博士生、博士生导师、外审专家、答辩专家等。

模型实际操作举例

在实际操作举例部分，依然采取分栏对比的形式，以利于读者清晰地看出有角色设定和无角色设定的区别。

例 1：辅助撰写研究生组会发言稿。

请以农民工的城市融入为主题写一篇研究生组会发言稿。

尊敬的导师和各位同学们：

我今天要谈论的主题是农民工的城市融入问题。这在当前社会是一个热点问题，也是我正在研究的主题。农民工是中国现代化进程中无法忽视的一个群体。然而，他们在城市生活中面临着很多困难和挑战。

首先，我们需要认识到农民工在城市生活中的特殊位置。他们既不是城市居民，也不是外来人口。他们来自农村，但在城市中工作和生活。由于户籍制度的限制，他们的社会保障、医疗保障、教育等许多方面都比城市居民差。与此同时，他们在城市中的工作和生活也面临着许多困难。

其次，我们需要找到解决问题的办法。城市融合应该是我们共同的目标。政府应该优先考虑农民工的政策和生活保障。例如，加强对中小企业的扶持，提高农民工的工资待遇，公平招标，为农民工提供更好的医疗服务，加强农民工子女的教育和培训等。同时，社会和市民也应该加强对农民工的尊重和关注，让他们感到被认可和被尊重。

最后，我们需要统一协调和沟通，解决农民工在城市中的融入问题需要所有相关方面的共同努力。只有统一协调和沟通，才能够真正解决这个问题。

总之，农民工的城市融入问题是一个长期而复杂的过程，需要政府、市民、社区和农民工等多方的共同努力。让我们一起关注这个问题，为促进社会的和谐发展贡献自己的力量。谢谢大家！

你是一名社会学领域的在读博士生，你被要求在研究生组会上就农民工的城市融入主题发言，请给出你的发言稿，发言稿应符合你的身份设定，体现学术性。

尊敬的老师和各位研究生同学：

我在这里就农民工的城市融入主题发表一点我的看法。

随着中国经济的快速发展，大量农村劳动力涌向了城市，成为都市生活的一部分。他们的到来既是城市发展的有力推动力，也带来了许多社会问题，如社会保障、教育和医疗等方面的困难。这些问题又冲击着城市治理的能力和品质，成为城市建设不得不面对和解决的一系列难题。

无论从经济发展、民生保障，还是文化传承等方面来看，农民工的城市融入是我们当前需要深入思考的问题。从个体层面来看，农民工能否在城市获得发展和提高生活水平，取决于他们获得的机会和资源；从社会层面来看，农民工融入与否，决定了城市人文、文化环境的塑造和发展。

对于农民工的城市融入问题，我们需要从多个视角出发，建立一个立体化的研究体系。首先，需要对农民工群体的经济社会地位、文化习惯、职业分布、教育形态等方面的基础知识进行梳理和研究，以了解他们进入城市后所面临的种种问题。其次，需要探讨如何通过制度的力量，使农民工在城市获得更多的公共资源、平等的权利和机会，实现城市资源共享。最后，需要思考如何在城市社会各个方面营造一个更为开放、包容、有共同价值的文化氛围，为农民工的融入提供更多的资源和支持。

总之，农民工的城市融入不仅是一个理论上的问题，更是一个实践性的难题。我希望我们能够从学术研究的角度去深入探讨、分析和解决这个问题，为中国城市化的发展作出更大的贡献。谢谢大家。

从结果对比看，设定了具体的发言者角色后，输出的内容更符合社会学学术表达习惯。

例2：推荐教育学选题。

请针对阶层认知对教育投入的影响主题推荐一些选题。

1. 不同阶层家庭对教育投入的差异及其影响分析。

2. 高收入家庭子女是否比低收入家庭子女更容易成功？

3. 阶层认知对文化资本和教育资本的不同投入和积累方式。

4. 教育公平问题下阶层认知的作用和机制研究。

5. 亲子教育方式和阶层认知对学生成绩的影响比较分析。

6. 基础教育选择、补习和升学对阶层认知的塑造效应。

7. 工薪阶层家庭教育投入的现状和问题研究。

8. 教育质量对不同阶层就业机会和薪酬待遇的影响分析。

9. 阶层认知对学校选择和留学意愿的影响及其原因分析。

10. 高教育投入是否能够消除不同阶层间的教育差异？

你是一位教育学领域的博士生导师，你需要给你新招收的博士生推荐关于"阶层认知对教育投入的影响"主题的选题。

以下是我给您新招收的博士生推荐的关于"阶层认知对教育投入的影响"主题的选题。

1. "社会阶层与高等教育投入之间的关系研究"。从社会阶层的分化和高等教育投入的差异出发，探究社会阶层与高等教育投入之间的关系。分析社会阶层的认知对于高等教育的投入程度、方式、方向的影响，探讨不同社会阶层之间教育资源的不平等分配。

2. "家庭阶层对学生学业成就的影响研究"。从家庭阶层认知的角度出发，分析家庭阶层对学生学业成就的影响。研究家庭因素对学生教育投入的影响，探究不同家庭阶层对子女的教育期望、投入程度的差异。

3. "社会经济阶层对教育获取的影响研究"。从社会阶层认知角度出发，研究社会经济阶层对个体教育获取的影响。探究社会阶层对于个体教育投入的动因、投入方式以及教育获得的成效，分析社会阶层认知的类型、内涵、变异以及与教育发展之间的关系。

4. "教育投入对于家庭阶层认知的影响研究"。从教育投入的角度出发，分析教育投入对于家庭阶层认知的影响。探究家庭阶层对于子女教育投入的态度、行为以及教育获得的成效，分析教育投入和家庭阶层认知之间的交互影响。

5."社会阶层认知与教育不平等的探究"。从社会阶层认知的角度出发，研究社会阶层认知与教育不平等之间的关系。分析不同社会阶层之间教育资源的不平等分配，探索阶层认知对教育不平等的影响。

从输出结果对比看，当给 ChatGPT 设定一个博士生导师的角色后，它给出的选题推荐更为细致，针对每一个选题都进行了扩展解释，这更符合导师给学生推荐选题的场景。

例 3：扮演能够互动的角色，例如模拟面试。

假设我是一位正在参加博士入学面试的同学，你是现场的考官。现在请模拟面试现场。要求：采取一问一答的形式，每次只问一个问题。现在请开始你的提问。

你好，欢迎参加我们的博士入学面试。请问你的研究兴趣是什么？

我的研究兴趣是马克思主义中国化。

很有意思的研究兴趣。那么，请问你对马克思主义中国化的理解是什么？它在当今社会中的地位和作用又是怎样的？

它是把马克思主义的普遍规律与中国独特的社会实践相结合而产生的理论创新。它对当代中国的发展具有重大意义，党的二十大提出的中国式现代化是它在实践层面的重大推进。

    非常好的回答。请问你在这个研究方向上有哪些具体的研究计划以及解决什么问题的想法呢？

    我想集中研究中国式现代化在党建领域的作用机制。

    非常有深度和前瞻性的课题。请问你对中国式现代化在党建领域的作用机制是怎样理解的？您准备采用什么样的研究方法来探究这个问题？

此处只是为了展示该模型的互动过程，读者有兴趣可以沿此继续发问下去。

模型总结

其一，角色设定的作用在于能引导 ChatGPT 算法从角色对应的语料库中生成文本，这样可以大幅提升生成内容的可靠性和准确性。这一策略帮助算法更加精准地定位并提取相关信息，从而生成高质量、贴近预期的内容。

其二，角色设定并不是独立使用的，而是需要和其他模型进行配合和整合。单独的角色设定指令在实际应用中并不常见，它更多是作为一个身份标签，在语境中起到定位和指导作用。角色设定模型属于底层模型，它的应用极为广泛，几乎可以被用于任何场景中。无论是在模拟对话、情境模拟，还是在解决具体问题的过程中，角色设定都能发挥重要的作用。

第三节　简单任务模型

模型内容

简单任务模型是一种行之有效的策略，通过给出特定任务来指导 ChatGPT 生成期望的输出内容。这种模型的核心在于清晰地描述出一个明确的任务目标，然后将任务交由模型去完成。这类任务通常包含明确的动词和具体的目标对象。通过这样的指示，ChatGPT 就能在理解任务需求的基础上，进行有效的信息处理和内容生成。

例如，如果我们希望生成一篇新闻文章的摘要，我们可以通过提供类似"总结这篇新闻文章"的任务给 ChatGPT。在这个任务中，"总结"是明确的动作，而"这篇新闻文章"是具体的任务对象。这样的任务设置，不仅为模型提供了明确的行为方向，也设定了明确的任务边界，使得模型能够在理解和执行任务的过程中避免偏离主题或深入到不必要的细节，从而更加精确地完成我们期望的输出内容。

简单任务模型的优点在于明确性和简洁性，能够直接引导模型进行与任务有关的信息处理，减少了模型产生不相关或偏离主题内容的可能性。但同时，该模型的简单性可能限制其理解和生成复杂内容的能力。因此，在使用这种模型时，我们需要根据具体的需求和场景，适当调整和衡量任务的复杂度和明确性。

模型公式

> 请完成一项【任务】。

我们可以在括号中填入任何表示明确任务的内容，例如，撰写一篇论文的摘要、推荐合适的研究方法、推荐合适的理论、对文章的语言进行润色、设计访谈提纲、设计调查问卷等。

适用的学术场景

可以说，所有的学术场景均离不开简单任务模型，如果说我们向 ChatGPT 提问的小模型是一枚投入大模型的炸弹，希望炸出大模型的威力，那么任务模型就是这颗炸弹的弹头。我们设定的场景再明确、角色再明确，如果没有任务要求，那么就无法实现研究者使用 ChatGPT 完成具体的学术模板的目的。

模型实际操作举例

例 1：根据观点句辅助完成扩写。

请结合以下段落中心观点句进行扩写，要求扩写为 300 字左右。段落中心观点句如下：随着现代社会分工的深入发展，家庭育儿功能出现了分化，分化为价值性功能和工具性功能。

现代社会发展至今，家庭育儿功能已经发生了显著的变化。在过去，家庭育儿主要是由家长或长辈负责，并且功能单一，即提供基本的抚养和教育服务。然而，随着社会多元化和国家政策的变化，家庭育儿的功能已经发生了分化。现在，家庭育儿不仅提供基本的抚育服务，更多需要发挥出对孩子道德品质和心理素质的塑造和培养功能，这个以价值为中心的功能被称为价值性功能。价值性功能的开发需要家长和家庭其他成员的协作和配合，可以通过讲故事、讲道德、传播家族文化等方式实现。

而随着家长们越来越关注学业和成功的问题，以及快节奏的生活方式的转变，家庭育儿的工具性功能变得愈发重要。工具性功能指的是家庭育儿通过为孩子提供知识技能，提高孩子的社交能力、解决学习问题等，以提高孩子在学校等场合的竞争力。这种功能需要家长时刻关注孩子的学业进展并提供帮助，在孩子学习方面给予好的指导和建议，以帮助孩子更好地适应和发展。

同时，价值性功能和工具性功能互为依存，两者必须同时得到保证才能让孩子更好地发展。价值性功能具备了合适的道德品质和心理素质，将使孩子更有能力去学习和处理事务，提高其在竞争中的能力。当然，如果缺乏工具性功能，孩子将缺乏竞争力，虽然他们具备了良好的道德品质和心理素质，但是仍然无法适应和生存于社会中。

在当今社会，家庭育儿已经不再局限于单一的任务，而是被视为对孩子未来有着关键性影响的任务，需要更多的投入和更好的沟通。通过协调劳动分工，全家的力量才能被最佳的使用和发挥，才能帮助孩子更好地发展和成长。

该模型也可以和其他模型相结合，提升使用效果，如与模型1"提示模型"相结合。

例2：对上述提问进行第一次迭代，画横线部分为提示词迭代部分。

请结合以下段落中心观点句进行扩写，要求扩写为300字左右。段落中心观点句如下：随着现代社会分工的深入发展，家庭育儿功能出现了分化，分化为价值性功能和工具性功能。要求：第一，上述观点句作为段落的第一句，不要有任何改动。第二，在扩写的时候，要给出三类论据，分别是数字型论据、媒体报道型论据和经典研究的论据。

随着现代社会分工的深入发展，家庭育儿功能出现了分化，分化为价值性功能和工具性功能。这意味着家庭育儿功能不仅是传统意义上的照顾和培养孩子，其内涵也被逐渐丰富和深化。理论上家庭育儿功能的分化为我们提供了更多的思考和探索方向。

　　首先，数字型论据表明，现代父母已经获得了更多的育儿知识和技巧。例如，根据国家统计数据，中国"90后"以及之后年轻的父母，在孩子教育方面的支出相较于上一代增加了近50%。这部分支出包括教育培训、文化活动、语言理解等方面的开支，这意味着家庭育儿功能不再是简单的给予物质生活的照顾和保护，更多是投入教育和知识传递。

　　其次，媒体报道型论据表明，随着社会和家庭的变化，育儿的方法在不断改变。例如，如今在孩子成长过程中，有许多方式来加以塑造其性格特质，促进其个性品质的发掘。有越来越多的家庭选择采用性别教育的方式，逐步解决各类人群的育儿问题，成为涵盖支持、体验、情感等全新领域的"新型育儿"。

　　最后，经典研究的论据表明，家庭育儿功能的分化也意味着孩子成长与教育是一个系统性的过程，需要各方面的关注和支持。若是缺失其中一方面，则可能导致孩子某些方面发展上的欠缺。如同经典的心理学研究所指出的，环境和遗传因素之间有着复杂的互动关系，尤其是在儿童多方面的学习过程中。这也说明，家庭育儿功能从今以后将有更加深入的发展，同时也会面临新的挑战。

　　综上所述，家庭育儿功能开始向着更加丰富的领域拓展，这对于孩子的家庭环境和成长起到了极其重要的作用。现代父母应该尽快意识到这一点，不断学习和拓展知识，全方位地关注孩子的成长和教育。

例3：用于改写。

请对以下文字进行改写。要求：1.保持字数大致相同；2.替换所有实词，把名词、动词都改成近义词；3.必要的时候可以更改语序，如把主动语态改成被动语态。需要改写的内容如下。

首先，数字型论据表明，现代父母已经获得了更多的育儿知识和技巧。例如，根据国家统计数据，中国"90后"以及之后年轻的父母，在孩子教育方面的支出相较于上一代增加了近50%。这部分支出包括教育培训、文化活动、语言理解等方面的开支，这意味着家庭育儿功能不再是简单的给予物质生活的照顾和保护，更多是投入教育和知识传递。

其次，媒体报道型论据表明，随着社会和家庭的变化，育儿的方法在不断改变。例如，如今在孩子成长过程中，有许多方式来加以塑造其性格特质，促进其个性品质的发掘。有越来越多的家庭选择采用性别教育的方式，逐步解决各类人群的育儿问题，成为涵盖支持、体验、情感等全新领域的"新型育儿"。

首先，数字型证据显示，更多的育儿知识和技能已经被现代父母掌握。例如，根据国家统计数据，孩子教育方面的开支，相较于上一代，已经被中国"90后"以及之后年轻的父母增加了近50%。这些开支包括教育培训、文化活动、语言理解等方面，这意味着简单的提供物质生活的照顾和保护已经不再是家庭育儿的职能，更多是被投入到教育和知识传递中。

其次，媒体报道型证据显示，随着社会和家庭的变化，育儿的方法在不断地被改变。例如，如今在孩子成长过程中，许多方法可以用来塑造他们的个性特质，促进个性品质的发掘。越来越多的家庭逐步采用性别教育的方式来解决各种人群的育儿问题，这已成为涵盖支持、体验、情感等全新领域的"新型育儿"。

例4：关于英文论文的润色。

As an English paper proofreader, please revise the given English writing based on the following principles:

1. Streamline content: I will help remove redundant, repetitive, or irrelevant content to make the writing more concise and compact.

2. Enhance paragraph transitions: I will provide better connecting and transitional sentences to make the relationships between paragraphs clearer and smoother.

3. Improve sentence transitions: I will ensure logical coherence and continuity between sentences by incorporating appropriate transitional words, phrases, or sentences.

4. Correct spelling, grammar, and punctuation: I will check and rectify any spelling errors, grammar mistakes, and punctuation issues to ensure accuracy and adherence to standard conventions.

5. Replace inappropriate vocabulary: I will suggest more accurate and suitable word choices to improve the expression and semantic precision of the writing.

6. Add more specific details: If necessary, I will offer suggestions to enrich the content with specific details or relevant information.

7. Enhance readability, such as converting long sentences into shorter ones: I will modify long sentences to make them easier to understand and read, while maintaining conciseness.

In today's modern society, the social interaction skills of children are crucial for their overall growth. Especially for children, their development relies on communication and cooperation with others. Therefore, child social interaction becomes exceptionally important. The significance of social interaction is undeniable for every child. This article will focus on discussing the importance of child social interaction and its impact on their development.

Firstly, child social interaction can help them establish friendships. In social environments such as kindergartens and schools, children can communicate and interact with peers. Through activities like playing, sharing toys, and participating in team activities, they develop close friendships. These friendships not only provide emotional support but also promote the development of their social skills. Children constantly learn through interactions, develop role awareness, and establish perceptions of others and social distance through interactions and communication with peers. For example, when a child learns to listen to others' perspectives and express their own ideas, they gradually acquire effective communication skills.

Secondly, child social interaction is vital for the development of their cognitive abilities and emotional intelligence. Through interactions with others, children can learn new knowledge and skills. For instance, they can understand emotions by observing other children's behaviors and expressions and learn to adapt to different social situations. Additionally, through engaging in role-playing and cooperative games, children can cultivate problem-solving and decision-making abilities, which are crucial for their cognitive development. Without such interactive participation, children may miss out on valuable opportunities to interact and communicate with others, thereby losing the foundation and capacity for further socialization. This can lead to a loss of design abilities and further impair the depth of experiencing emotions and perceiving roles. Consequently, it may result in issues with motor skills and further communication problems, and even lead to social isolation by other peers, being labeled as "problem children" by teachers and parents.

###

In today's society, the social interaction skills of children play a crucial role in their overall growth. Communication and cooperation with others are essential for their development, making child social interaction exceptionally important. This article focuses on discussing the significance of child social interaction and its impact on their development.

Firstly, child social interaction helps them establish friendships. In environments like kindergartens and schools, children communicate and interact with their peers. Through activities such as playing, sharing toys, and engaging in team activities, they form close friendships. These friendships not only provide emotional support but also foster the development of their social skills. Children learn and gain awareness of different roles and social dynamics through interactions and communication with their peers. For example, as they learn to listen to others' perspectives and express their own ideas, they gradually acquire effective communication skills.

Secondly, child social interaction is crucial for the development of their cognitive abilities and emotional intelligence. Interacting with others allows children to acquire new knowledge and skills. By observing the behaviors and expressions of other children, they develop an understanding of emotions and learn to adapt to various social situations. Furthermore, engaging in role-playing and cooperative games enables children to enhance their problem-solving and decision-making abilities, which are vital for cognitive development. Without active participation in social interactions, children may miss out on valuable opportunities to engage and communicate with others, hindering their foundation and capacity for further socialization. This can lead to limitations in design abilities, compromised depth of emotional experiences and role perception, as well as issues with motor skills and communication. Consequently, they may face social isolation from peers and be labeled as "problem children" by teachers and parents.

In summary, child social interaction is indispensable for their growth. It facilitates the development of friendships, social skills, cognitive abilities, and emotional intelligence. By nurturing these interactions, we can provide children with the necessary foundation for their overall well-being and future success.

例 5：根据关键词推荐标题。

请根据以下几个关键词推荐学术论文的标题：主体性、权力、社恐。

1. 权力、社恐与主体性：社会心理学的视角下个人行为的变异性。

2. 主体性对企业绩效的影响：权力和社恐因素的调节作用。

3. 社会认知理论的应用：权力和社恐如何交互影响主体性的形成和发展。

4. 基于政治新闻的情感分析：权力、社恐与主体性的情感表达。

5. 社会排斥感、权力斗争与主体性保护：基于道德哲学视角的分析。

模型总结

简单任务模型无疑是所有模型中最为基础且关键的一环，它的设定决定了我们希望 ChatGPT 完成的最终任务内容。这种模型几乎是与其他模型相互配合的关键，它形成了 ChatGPT 执行任务的框架，是指导 ChatGPT 活动的根本。尽管简单任务模型有时候可以直接使用，如在研究方法学习方面，但更多的时候我们需要将它与其他模型，特别是指示模型和角色模型相结合，使它能够更有效地对复杂任务进行处理，从而生成更具针对性的结果。这种组合的使用，使得简单任务模型不再局限于处理简单的、孤立的任务，而能够应对各种复杂的研究情景。

例如，在指示模型中，我们对 ChatGPT 做出明确的指示，提出具体的任务需求；而在角色模型中，我们设置了特定的角色，使 ChatGPT 能够从特定的视角或立场来理解和处理问题。当指示模型、角色设定模型、简单任务模型结合在一起，我们就可以让 ChatGPT 按照预定的角色去执行具体的任务，这样既可以增强任务的针对性，也可以扩大任务的处理范围，使我们的研究或者提问更加精确、更加全面。

第四节　案例示范模型

模型内容

案例示范模型是在与 ChatGPT 进行交互的过程中，不仅提供任务要求，还为其呈现具体的示范案例。就如同在教育过程中我们常说的"以身作则"，案例示范就像一种直观的展示，使 ChatGPT 能够根据实际示例理解任务的需求。这种模型尤其适用于那些特定任务如数据稀缺或者任务性质全新、定义模糊的场合。在这些情况下，纯粹的任务描述可能无法为 ChatGPT 提供足够的上下文理解，而示例的提供可以让 ChatGPT 更好地把握任务的实质和要求。

我们可以根据需要提供一个或者多个示例。这些示例既可以是成功的经验，也可以是需要避免的错误，或者是介于两者之间的各种情况。提供的示例越多，越能够增强模型的理解深度和广度。ChatGPT 将根据这些示例生成与之相符合的文本，从而提高任务的完成质量。

总的来说，案例示范模型就像为 ChatGPT 开展任务提供了一种"参照物"，让它在理解和执行任务时有一个更具体、更直观的依据。这种模型的应用，让我们能够更精细、更准确地指导 ChatGPT 的工作，使得 ChatGPT 输出的内容更符合我们的预期。

模型公式

根据【给定参考模板】生成文本。

我们需要填入相应的参考模板，如句子写作模版、前言结构模版。

适用的学术场景

该模型适用于一切需要借鉴和模仿他人在研究设计、提出问题、文献综述、理论框架、资料收集、资料分析、学术写作等方面的经验场景。我们需要在给出任务目标的同时，给出一个示范性的模板。

模型实际操作举例

例1：进行写作时，改变句子形式。

有时候出于某种需要，我们需要改变句子形式，例如，将长句子变成短句子（这里指的是在不改变原意的情况下将一个长句子变为若干个短句子）。当我们希望 GPT 将长句子变成短句子时，它可能会误解这个指令，在进行转化时可能会删减一些内容。面对这种情况，我们可以利用案例示范模型来进行直观的演示。以下是有关长句变短句的示范。

原句：他走出了家门，打了一辆出租车，给妈妈打了一通电话。

改变后：他走出了家门。他打了一辆出租车。他在出租车上给妈妈打了一通电话。

原句：1996 年，尼古拉斯·尼葛洛庞帝（Nicolas Negroponte）的《数码时代的生存》描写了我们进入数字化新世界所引起的一系列震撼和变革，同时也让我们初步领悟到媒介化时代对人类社会的全面影响。

改变后：

示例解读：我们为模型提供了一个示例，包括原始的句子和改编后的版本。接着，我们再给出一个原始句子，但在修改后的部分留出空白，这样模型就能根据上述规则进行理解了。我们看到下面的输出结果中，ChatGPT 已经充分理解了长句变短句的原则，把需要改变的句子从原句的逗号处隔开，将原来的一个长句子变成了两个短一些的句子。

> 1996 年，尼古拉斯·尼葛洛庞帝的书描写了数字化新世界的变革和震撼。他让我们初步认识到媒介化时代对人类社会的全面影响。

例 2：套用具体模型进行学术写作。

> 我是一位经济学领域的研究者，我正在研究企业间网络对企业决策行为的影响。你作为我的学术助理，请完成前言开头部分的写作，并使用以下句式，括号里为解释性文字，不需要出现在最终的结果中，并注意替换 ××× 为实质性内容。
>
> 随着 ××× 的发展（交代研究背景和实践背景），××× 议题成为学术界的共识（至少增加三个引用，并采取"作者，出版年"格式），取得了丰富的研究成果。然而，已有研究并未针对 ××× 展开深入的讨论（主要指已有研究的空白点或者不足之处），因此本文将针对 ××× 问题展开分析，试图回答以下问题：×××××。

> 随着全球化和数字化的发展，企业间的网络关系日益复杂，对企业的决策行为产生了深远的影响。这种影响不仅体现在企业的日常运营中，也在战略决策、创新活动等方面发挥着重要作用（Borgatti 和 Halgin，2011；Ahuja，2000；Gulati，1999）。这个议题已经成为学术界的共识，并取得了丰富的研究成果。
>
> 尽管已有研究对企业网络和企业决策行为的关系进行了广泛的探

讨，但对于企业间的网络如何具体影响企业决策行为的机制和过程，尤其是在不同的环境和背景下，这种影响如何发生变化，还没有进行深入的研究。因此，本文将针对企业间的网络对企业决策行为的影响机制和过程进行深入的分析，试图回答以下问题：在不同的环境和背景下，企业间的网络如何影响企业的决策行为？这种影响的具体机制和过程是什么？如何通过优化企业间的网络来提高企业的决策效率和效果？

模型总结

案例示范模型是最常使用的学术提问模型，这是因为学术领域有很多现成的模式是可以被借鉴和使用的，也是初学者学习学术写作的重要方式。案例示范模型经常与其他模型如指示模型、角色设定模型和简单任务模型结合起来使用。

第五节　头脑风暴模型

模型内容

头脑风暴模型是一种旨在激发 ChatGPT 生成发散性和创新性内容的询问模型。在进行学术思考的过程中，我们既要不断扩散思维，寻求最大范围的创新和多样化的预设，也要逐渐聚焦，以便确定一个具体和明确的研究问题。在这一过程的前半部分，头脑风暴模型能发挥关键的作用。

要在 ChatGPT 中使用头脑风暴模型，可以按照以下步骤操作。第一步，确定想要讨论的主题或想法。第二步，明确陈述主题或想法，并开始形成对话或生成文本。第三步，在提示前加上"让我们考虑"或"让我们讨论",以表明你正在发起对话或讨论。

模型公式

> 让我们一起思考／讨论【主题】。

读者可以不拘泥于公式的具体表达,而应该把注意力放在如何设定一个具体的沟通场景上,并引导 ChatGPT 不断发问。

适用的学术场景

该模型适用于学术研究场景中需要开放讨论的环节。例如,在形成选题的阶段,选择合适的研究方法,建构合适的理论框架等。

模型实际操作举例

例 1:开放讨论学术选题。

我是在校博士生,你是我的导师,我们正在讨论学术问题,需要进行头脑风暴。让我们一起讨论这个议题:艺术设计的适老化。需要采取一问一答的形式,由你来向我发问。

好的,我们来进行一些头脑风暴。首先,我想问你对于艺术设计适老化这个话题的理解是什么?它的意义和影响有哪些方面?

我认为在当前社会老龄化是一个比较突出的特征,艺术设计本身既有艺术性,也需要考虑使用价值。那么,对面老龄化时代的到来,艺术设计如何与老龄群体的特征相结合应该是一个值得讨论的议题。对于这个领域的研究,应该能够为建设更加完善的老龄社会提供更多的参考和借鉴。

非常好的理解和解释。那我们继续讨论，你认为在艺术设计领域哪些适老化的概念非常重要？并且可以为老龄人群提供更高质量的产品或服务？

例如，居家艺术设计中，当我们设计一个好看的灯具的时候，也要考虑老年人行动不便，或者难以长时间抬着胳膊擦洗灯具，那么灯具的设计纹路就不能太复杂。

……（可以一直讨论下去，直到逼着你对某一研究领域有更深入的思考）

在这个例子中，我们让 ChatGPT 化身导师，与使用者通过持续发问和互动，逐渐实现从研究主题到研究问题的聚焦。

例 2：进行创新性思考。

我是一位体育学领域的研究者，正在从事一项有关球迷素养的研究。我做了一些文献梳理工作，发现在球迷素养研究领域似乎形成了一些共有的学术观点，我试图挑战这些观点，但又不知道从何入手。你需要扮演我的导师，引导我进行创新性思考。采取一问一答的形式，由你首先发问，现在请开始你的提问。

非常好，我很愿意担任你的导师，帮助你进行创新性思考。在球迷素养研究领域有哪些共有的学术观点引起了你的兴趣？同时，请告诉我你试图挑战这些观点的初步想法。

一部分研究认为体育素养的形成来自独特的区域文化，如北京球迷、上海球迷、武汉球迷显示出不同的体育素养。但是我认为区域文化似乎和体育素养没有必然关系。

　　非常有趣的观点！你认为区域文化与体育素养之间没有必然关系，那么你的初步想法是什么？你认为体育素养的形成可能受哪些因素的影响？同时，你是否已经找到了一些相关的研究或证据来支持你的观点？

 　　我的初步设想是球迷素养的形成和体育赛事的组织有密切关系，也和他们所支持的球队文化有关系。目前我正在做进一步的文献梳理，还没有找到支持我预设的关键文献。

　　你的初步设想非常有潜力，认为球迷素养的形成与体育赛事的组织和所支持的球队文化密切相关。在你做进一步的文献梳理时，可以考虑从以下几个方面寻找支持你观点的关键文献。

　　1. 体育赛事组织对球迷素养的影响。寻找研究探讨体育赛事组织如何塑造球迷的素养，包括赛事的策划、组织、运营和营销等方面。这些研究可能涉及球迷参与度、赛事的氛围营造、球迷行为规范等方面。

　　2. 球队文化对球迷素养的影响。探索球队文化对球迷素养的塑造作用。球队文化可以包括球队的历史、传统、核心价值观以及球员、教练和管理层的言行等。寻找与球队文化相关的研究，特别是球队文化如何影响球迷态度、行为和素的研究。

　　3. 球迷素养的跨文化研究。考虑在不同地区或国家进行的球迷素养研究，寻找那些关注球迷素养是否受到区域文化影响的研究。

这些研究可以帮助你比较不同地区的球迷素养特征，并找到可能支持你观点的线索。

同时，我建议你深入了解相关领域的理论框架和方法，以便更好地理解和分析文献，包括体育社会学、文化研究、行为科学等领域的相关理论和方法。

一旦你找到了支持你观点的关键文献，那么我们可以进一步探讨如何挑战现有的学术观点，并展开你的创新研究。

模型总结

此模型具有较高的灵活性，其主要功能是刺激研究者的创新思维和多元视野，以适应当前学术研究的多样化和跨学科的需求。这种对不确定性解决方案的探索，正凸显出模型的开放性所带来的独特吸引力。该模型犹如我们的思维教练，帮助我们进行全方位的智力启发。

第四章
prompt 初级模型（下）

本章我们将深入讲解 5 个基本的提示词模型，这些模型在各自的领域具有重要的应用价值。首先，我们将讲解逻辑自洽模型，它重点关注构建符合逻辑和一致性的内容。其次，我们将讲解关键词模型，这种模型以关键词为指引，更好地为特定主题或研究领域生成内容。接下来是知识生产模型，它适用于创新性的知识产出，如新观点、新理论等。紧接着，我们将阐述知识整合模型，该模型聚焦整合现有知识，以形成更完整、更深入的认识。最后，我们将讲解多项选择模型，它是一种用于训练 ChatGPT 以理解和应对各种复杂选择情境的模型。这 5 个模型是我们理解和掌握 ChatGPT 的关键，本章将提供详尽的解析和实用的应用建议。

第一节　逻辑自洽模型

模型内容

逻辑自洽模型是一种用于确保 ChatGPT 的输出与输入相一致的模型。这种模型对于文本生成中的事实检查、数据验证或一致性检查等任务很有用。逻辑自洽模型的提示公式是输入文本后跟指令"请确保以下文本自洽"，或者提示模型生成与提供的输入内容相一致的文本。

模型公式

> 请【依据某种规则或结构】生成内容，保持原有意思不变。

当我们进行写作修正，例如，针对长文本进行压缩或针对短文本进行扩写时，都可以使用该模型，以确保核心观点一致。

适用的学术场景

例如，给定一个客观描述，让 ChatGPT 进行扩展（如扩写一些段落），或进行摘要的写作（给定一段长文本，进行压缩式摘要写作），或核心观点句的扩写，或检查一个段落中的表述错误（如出现不相容的数字、相反的表述或者概念替换等，用于查重）。

模型实际操作举例

例1：针对客观内容进行扩展。

> 你是一名硕士研究生，专业是艺术设计学。你很喜欢设计，每天花大量的时间进行设计学习。请在保持基本意思不变的情况下将这段话扩展到 300 字以上。

作为一名热爱艺术设计的硕士研究生，我深刻认识到学习和实践对于提高自身艺术设计能力的重要性。每天花大量的时间进行设计学习是我日常生活中必不可少的部分。在这个过程中，我充分了解了设计的本质、决策过程和创意方法。

首先，了解设计的本质有助于我们更好地理解设计的目的和意义。设计作为一种通过出色的图形、文字、颜色和空间布局等方式传达信息和意图的艺术形式，需要我们不断去发掘其深层次的内涵和潜在的价值，从而更好地运用到我们的创作当中。

其次，熟练的决策过程和创意方法是优秀设计师的重要特征。一个成功的设计通常要经历多轮的修改和审查。因此，在设计过程中，我们应该通过构思、草图和模型等逐渐完善自己的想法，并在实际操作中不断调整和改进。创意方法也是至关重要的，只有相信我们的想法，以及在自由的氛围中勇敢地做出尝试，才能产生更具特色的作品。

最后，艺术设计需要不断追求创新和进步。为了适应快速发展的社会需求，在学术研究和实践中，我们应该注重探索和发现新的艺术设计方法，并及时将其运用到实际工作中。此外，关注设计行业的前沿资讯，参加同行业的展会和活动以及与其他热爱设计的人交流也非常重要。

总之，热爱艺术设计需要不断学习、探索和创造。只有坚持不懈地追求自己的兴趣和热情，不断进步和提高，才能成为一名优秀的艺术设计人才。

企业的投融资行为受多种因素的影响，包括政企关系的融洽度、外部市场竞争环境、企业高管之间的合作紧密度。请对这句话进行扩展，要求维持基本原意不变。

企业的投融资行为是受多个因素影响的，其中政企关系、外部市场竞争环境和企业高管之间的合作紧密度是非常重要的。

政企关系的融洽度是企业投融资行为中不可忽视的一个因素。在经济新常态下，政府发挥着越来越重要的作用。产业政策、金融政策等各种政策性因素对企业发展具有一定的指导意义和引导作用。良好的政企关系可以帮助企业获得政府支持和政策支持，在融资活动中拓宽融资渠道和降低融资成本，同时能够提高企业的社会声誉和品牌知名度。

外部市场竞争环境也是企业投融资行为中不可忽略的因素。随着市场化进程的加速，企业面临着日益激烈的市场竞争。市场竞争的强度和形式多种多样，厂商群体的结构变化、产品价格的较量、消费者的口碑等各种市场竞争因素都会深刻影响企业的投融资行为。在这样的情况下，企业必须具备强大的核心竞争力和差异化发展战略，以期在竞争中胜出。

此外，企业高管之间的合作紧密度也是很重要的因素。企业高管之间的合作紧密度直接关系到企业的战略决策和管理效率。假如企业高管之间合作不紧密或缺乏有效沟通，可能导致企业遭受财务风险、操作失误等问题，进而影响公司的融资能力和利益得失。因此，加强内部协作与沟通是企业高管需要不断追求的目标，成熟的企业内部治理体系也必须时刻保持着良好的合作机制。

综上所述，企业的投融资行为与政企关系的融洽度、市场竞争环境和企业高管之间的合作紧密度息息相关。企业必须注意和把握这些因素，科学规划，制定战略和计划，才能够在日趋复杂、变化多端的市场环境中更好地开展自己的业务，并实现自身的发展和壮大。

例 2：辅助撰写摘要。

请针对以下新闻报道撰写摘要。

《环球时报》记者 4 月 19 日从中国航天科工二院获悉，近日，二院 25 所在北京完成国内首次太赫兹轨道角动量的实时无线传输通信实验，利用高精度螺旋相位板天线在 110GHz 频段实现 4 种不同波束模态，通过 4 模态合成在 10GHz 的传输带宽上完成 100Gbps 无线实时传输，最大限度提升了带宽利用率，为我国 6G 通信技术发展提供重要保障和支撑。无线回传技术是移动回传网络中连接基站与核心网设备的关键技术。随着通信速率需求的不断提升，移动通信频段被扩展至毫米波和更高的太赫兹频段，信号传输损耗大大增加，基站部署密度将成倍增长。在基站"高度致密化"的 5G/6G 通信时代，传统基于光纤的承载网传输将面临成本高、部署周期长、灵活性差等问题，无线回传技术将逐渐占据主导地位。据研究报告指出，2023 年全球基站使用无线回传的比例将高达 62% 以上。据《环球时报》记者了解，太赫兹通信作为新型频谱技术，可提供更大传输带宽，满足更高速率的传输需求，逐渐成为 6G 通信关键技术之一。面向未来，6G 通信峰值速率将达到 1Tbps，需要在已有频谱资源下进一步提高利用率，实现更高的无线传输能力。25 所自 2021 年瞄准 6G 通信的热点需求，紧跟国际通信技术前沿，选择太赫兹轨道角动量通信作为全新突破方向，在太赫兹频段上实现多路信号复用传输，完成超大容量的数据传输，频谱利用率提升两倍以上。未来，该技术还可服务于 10m ～ 1km 的近距离宽带传输领域，为探月、探火着陆器和巡航器之间的高速传输，航天飞行器内部的无缆总线传输等航天领域应用提供支撑，为我国深空探测、新型航天器研发提供信息保障能力。

据《环球时报》报道，中国航天科工二院 25 所日前完成了国内首次太赫兹轨道角动量的实时无线传输通信实验。该实验利用高精度螺旋相位板天线在 110GHz 频段实现 4 种不同波束模式，在 10GHz 的传输带宽上完成 100Gbps 无线实时传输，最大限度提升了带宽利用率，为我国 6G 通信技术发展提供重要保障和支撑。这个新型频谱技术逐渐成为 6G 通信关键技术之一，未来可服务于近距离宽带传输领域和航天领域应用，为我国深空探测、新型航天器研发提供信息保障能力。此外，随着通信速率需求的不断提升，无线回传技术将逐渐占据主导地位，2023 年全球基站使用无线回传的比例将高达 62% 以上。

若对上述问答不满意，可以进行调试。

一篇新闻报道的摘要应该包括哪些要素？

一篇新闻报道的摘要应该包括以下要素。

1. 标题。简明扼要地概括整个新闻内容，吸引读者的兴趣。

2. 事件经过。描述事情发生的起因、经过和结果。这是新闻报道的核心内容，要简洁明了地说明事件的主要经过和最终结果。

3. 时间、地点。描述事件发生的时间和地点。这些信息有助于读者更好地了解事件的背景和关联性。

4. 相关人物。描述与事件相关的人物，如当事人、证人等。这些信息可以使读者更加贴近事件，了解当事人的态度和动机。

5. 社会影响。描述事件对社会和公众产生的影响和反应。这些信息通常在新闻报道的结尾部分出现，可以突出事件的重要性和社会作用。

总之，一篇新闻报道的摘要应该清晰、简练地传达出新闻的核心信息，包括标题、事件经过、时间、地点、相关人物和社会影响等要素。

请对以下新闻报道按照上述五个要素进行摘要写作，请保持基本意思不变。

《环球时报》记者 4 月 19 日从中国航天科工二院获悉，近日，二院 25 所在北京完成国内首次太赫兹轨道角动量的实时无线传输通信实验，利用高精度螺旋相位板天线在 110GHz 频段实现 4 种不同波束模态，通过 4 模态合成在 10GHz 的传输带宽上完成 100Gbps 无线实时传输，最大限度提升了带宽利用率，为我国 6G 通信技术发展提供重要保障和支撑。无线回传技术是移动回传网络中连接基站与核心网设备的关键技术。随着通信速率需求的不断提升，移动通信频段被扩展至毫米波和更高的太赫兹频段，信号传输损耗大大增加，基站部署密度将成倍增长。在基站"高度致密化"的 5G/6G 通信时代，传统基于光纤的承载网传输将面临成本高、部署周期长、灵活性差等问题，无线回传技术将逐渐占据主导地位。据研究报告指出，2023 年全球基站使用无线回传的比例将高达 62% 以上。据《环球时报》记者了解，太赫兹通信作为新型频谱技术，可提供更大传输带宽，满足更高速率的传输需求，逐渐成为 6G 通信关键技术之一。面向未来，6G 通信峰值速率将达到 1Tbps，需要在已有频谱资源下进一步提高利用率，实现更高的无线传输能力。25 所自 2021 年瞄准 6G 通信的热点需求，紧跟国际通信技术前沿，选择太赫兹轨道角动量通信作为全新突破方向，在太赫兹频段上实现多路信号复用传输，完成超大容量的数据传输，频谱利用率提升两倍以上。未来，该技术还可服务于 10m~1km 的近距离宽带传输领域，为探月、探火着陆器和巡航器之间的高速传输，航天飞行器内部的无缆总线传输等航天领域应用提供支撑，为我国深空探测、新型航天器研发提供信息保障能力。

标题：中国航天科工二院 25 所完成国内首次太赫兹轨道角动量的实时无线传输通信实验

事件经过：中国航天科工二院 25 所在北京近日利用高精度螺旋相位板天线在 110GHz 频段实现 4 种不同波束模态，在 10GHz 的传输带宽上完成 100Gbps 无线实时传输，最大限度提升了带宽利用率，为我国 6G 通信技术发展提供重要保障和支撑。

时间、地点：报道发布于 2023 年 4 月 19 日，事件发生地为中国航天科工二院 25 所北京研究机构。

相关人物：该实验是由中国航天科工二院 25 所高功率微波技术与系统实验室等团队完成的。

社会影响：该新型频谱技术可提供更大传输带宽，满足更高速率的传输需求，逐渐成为 6G 通信关键技术之一。传统基于光纤的承载网传输将面临成本高、部署周期长、灵活性差等问题，无线回传技术将逐渐占据主导地位。未来，该技术还可服务于 10m~1km 的近距离宽带传输领域，为探月、探火着陆器和巡航器之间的高速传输，航天飞行器内部的无缆总线传输等航天领域应用提供支撑，为我国深空探测、新型航天器研发提供信息保障能力。

价值与意义：该实验完成了太赫兹轨道角动量的实时无线传输通信实验，为我国 6G 通信技术的发展提供了重要支撑和保障。这种新型频谱技术可提供更大传输带宽，逐渐成为 6G 通信关键技术之一。同时，该技术还可服务于 10m~1km 的近距离宽带传输领域和航天领域应用，为我国深空探测、新型航天器研发提供信息保障能力。

例 3：核心观点句的扩写。

例如，你是学思想政治专业的，正在写一篇期刊论文，在其中某一部分，你的核心观点是政府面对环境保护问题不能实行一刀切，而应认真分析环境问题的成因。这时就可以使用"知识生产模型 + 逻辑自洽模型"。第一次是形成三个段落的第一句，即核心观点句。第二次是对每一个段落依据核心观点句进行扩写。

第一轮：使用知识生产模型。

我是思想政治专业的硕士研究生，正在写一篇期刊论文，我在进行论证的时候，某一部分的核心观点是政府面对环境保护问题不能实行一刀切，而应认真分析环境问题的成因。我需要三个子论点进行支撑我的论证。请提供三个句子，按照1、2、3的形式列出观点句。

1. 首先，政府应该对不同环保问题进行细致的分析，了解不同环境问题的成因，才能制定出有效的环保措施。

2. 其次，针对具体的环境问题，政府要有针对性地落实相应的环保措施。不能一刀切禁止或限制某些行业或产品，而是应该根据问题的实际情况进行有区别的考虑和处理。

3. 最后，政府应该重视公众参与，倾听各方意见，通过民主途径解决环保问题。只有形成合力，才能有效推动环保工作的开展。

第二轮：使用逻辑自洽模型进行句子扩写。

请针对第一点进行扩充，要维持基本意思不变。在进行扩充时，这句话保持不变。

首先，政府应该对不同环保问题进行细致的分析，了解不同环境问题的成因，才能制定出有效的环保措施。具体来说，政府需要投入大量的人力、物力，做好数据采集、实际调查、风险评估等多方面工作，深入研究环保问题的根源。同时，政府还应该借鉴国内外先进经验，结合本国情况，科学确定环保目标和制定对应措施。在这个过程中，各界专家、行业代表、社会组织等也应该积极参与，为政府提供有价值的建议和意见，以便更好地推动环保事业的发展。

请针对第二点进行扩充，要维持基本意思不变。在进行扩充时，这句话保持不变。

其次，针对具体的环境问题，政府要有针对性地落实相应的环保措施。不能一刀切禁止或限制某些行业或产品，而是应该根据问题的实际情况进行有区别的考虑和处理。在处理突发环保事件时，政府需要科学确定污染源，并综合考虑各种因素，采取恰当而有效的治理手段。在长期环保管理过程中，政府应该建立相应的环保标准与指导意见，针对不同行业、不同产品实行差异化管理，促进整个社会的环保共识。此外，政府还需要通过多部门协作、多方面合作等方式，形成全面覆盖的环保管控体系，实现对环境保护全过程的有效监管。

请针对第三点进行扩充，要维持基本意思不变。在进行扩充时，这句话保持不变。

最后，政府应该重视公众参与，倾听各方意见，通过民主途径解决环保问题。只有形成合力，才能有效推动环保工作的开展。政府可以积极组织座谈会、听证会等活动，广泛征求社会各界的建议和意见，制定以人民为中心的环保政策和措施。此外，还可以加强环保宣传，让更多的人了解环保知识、理念和法规。政府也应该鼓励企业、社会组织和公民自发投入到环保事业中来，共同推进环境保护工作，营造良好的环保氛围。在处理环境问题时，政府不仅要考虑到经济发展和生态保护的平衡，还要充分尊重公众意愿，使政策更贴近群众需求，确保环保行动真正得到广大民众的认同和支持。

模型总结

这个模型特别有助于在保持原有文本意义不变的前提下进行内容压缩或扩展。在实际应用中，它的价值不言而喻。

首先，在文章写作时，我们往往需要对某一观点或论据进行深入的扩充和阐述，以使文章的论证更为深入、充实和有说服力。然而，手动完成这项工作可能需要花费大量的时间和精力，而且效果可能因个人的语言组织能力而异。在这种情况下，该模型可以高效地帮助我们将短句子扩展成翔实且有深度的段落，大大提高了写作效率，并保证了文章质量。

其次，在我们进行论文查重并进行改写时，该模型同样发挥着重要的作用。学术界对论文查重有着严格的要求，而查重工作往往面临着保持原文意思不变的同时，尽可能降低重复率的挑战。此时，该模型可以帮助我们将长句子压缩成短句子，或者对短句子进行适当的扩展，从而达到降低重复率的目的。

总的来说，无论是在文章写作还是论文查重的过程中，该模型都能为我们提供很大的帮助。它的应用不仅能够提高我们的工作效率，还能确保我们的工作质量。因此，掌握并熟练运用该模型是非常有意义的。

第二节　关键词模型

模型内容

关键词模型，顾名思义，就是通过提供特定的关键词或短语来引导 ChatGPT 产生相关且精准的输出。在学术领域，这种模型的重要性不言而喻。因为在科学研究中，选择和使用恰当的学术词汇是至关重要的。即使是一些表面上看起来相似的词汇，其背后的含义可能大相径庭。对于关键词模型来说，这种差别足以改变生成文本的意义和质量。

当我们向 ChatGPT 提出问题或请求时，使用的关键词越精确、越符合某一特定领域的学术表达规范，那么我们得到的答案就越可能是高质量的。这是因为通过这些关键词，ChatGPT 能够更好地理解我们的问题，从而提供更为准确的答案。例如，我们正在进行关于计算机视觉领域的研究，并且希望获取关于"卷积神经网络"（convolutional neural networks）的深入解释。如果我们只提出一个关于"神经网络"的问题，GPT 可能给出一个关于广义神经网络的解答，而不是我们真正需要的"卷积神经网络"。但是如果我们在提问中明确使用了"卷积神经网络"这个关键词，那么 ChatGPT 就能准确理解我们的需求，并给出相应的详细解答。

所以，关键词模型在学术研究中扮演着举足轻重的角色。对它的理解和运用能力，将直接影响我们获取高质量答案的能力。因此，我们需要花费足够的时间和精力来熟悉和掌握这一模型。

模型公式

请根据【关键词】生成内容。

适用的学术场景

为了在任何一种模型中获得预期的高品质回答，我们必须精确地使用关键词。这种模型通常与角色设定模型和指示模型一起使用，以期取得最精准的结果。具体的步骤可分为两步：第一步，让

ChatGPT 确定关键词（尤其在我们自身不清楚关键词的情况下）；第二步，利用这些关键词向 ChatGPT 提出问题。

模型实际操作举例

例1：在了解关键词的基础上，可以直接发问。

作为一位研究者，以"教育本质"为关键词，结合学术论文的写作风格，补充以下这句话：翻转课堂的出现使得学生的参与度提高，但与此同时也容易让教师失去话语权，进而对于课堂权威的建立产生不利影响。

"翻转课堂"的出现成为近年来备受争议和审查的话题，该话题与教育本质密切相关。作为这个领域的一名研究人员，我认为这种教学模式的实施容易导致教师失去话语权，并进而削弱课堂权威。这样的权威缺失对于学习环境可能产生不利影响，导致学生不感兴趣，从而降低整体学术表现。通过仔细分析和评估，我们需要考虑这些新的教学方法对教育本质的影响，确保它们能够补充和增强传统的教学技巧，而不是在牺牲学生学习结果的情况下完全取代它们。

以与关键词"教育的本质"相关的方式，以研究论文的风格为研究者论证以下观点：翻转课堂的出现容易导致教师失去发言权，这不利于课堂权威的建立。要求不少于300字。

翻转课堂的概念，作为一种新型教学模式，以其颠覆性的特点在当今的教育界引起了广泛关注。在这种教学模式下，学生在课前自行获取知识，而在课堂上主要进行问题讨论和深入理解。然而，有些观点认为，翻转课堂的出现可能导致教师失去发言权，进而影响课堂权威的建立。但是这是否真的违背了教育的本质呢？

首先，我们需要思考一下教育的本质到底是什么。教育的目标是引导和激发学生的学习兴趣，培养学生的独立思考和解决问题的能力。教育的本质不仅在于知识的传递，更在于对知识的理解、掌握和运用。如果我们从这个角度来看，翻转课堂的出现并没有改变教育的本质，反而更加符合教育的核心目标。

不能否认的是，翻转课堂的出现确实在某种程度上削弱了教师的发言权。在传统的教学模式下，教师是课堂的主导者，他们主导着知识的传递和学生的学习进程。而在翻转课堂中，教师的角色发生了改变，他们更多是学生的引导者和辅导者。这种转变可能让一部分教师感到不适应，因为他们可能觉得自己的权威地位受到了挑战。

但是我们需要认识到的是，课堂权威并不是教师的"天生"权力，而是建立在教师的专业素养、教学能力和人格魅力等多个方面基础之上的。如果教师能够充分利用翻转课堂的模式，设计出有趣、具有挑战性的课堂活动，引导学生进行深入的讨论和思考，那么他们的权威地位不仅不会受到威胁，反而会因此得到提升。

总的来说，翻转课堂的出现可能在一定程度上影响教师的发言权和课堂权威的建立，但是如果我们能够正确理解和运用这种教学模式，将其视为一种有利于实现教育目标的工具，那么我们不仅不会失去什么，反而有可能获得更多。因此，我们应该以更开放的心态去面对和接受翻转课堂，因为它更符合教育的本质，也更有利于我们培养出未来的创新者和领导者。

从案例中能够看出，研究者将翻转课堂的权威现象理解为教育本质，将教育本质作为关键词进行发问。

例 2：不了解关键词的时候，先问关键词，再问具体目标。这种模式常常适用于寻找研究选题，需要对经验对象进行抽象提炼的时候。

第一步，先确定关键词。

　　我是一位大学的研究者，我观察到退休的大爷们最主要的娱乐是凑到一起下象棋，而退休的大妈们热衷于旅游或者扎堆跳广场舞。请问这种现象应该用什么样的学术概念来表述。

　　这种现象可以被描述为一种"年龄和性别差异的娱乐偏好"。根据独特的文化、社会背景和个人兴趣爱好，不同年龄和性别的群体可能选择不同的娱乐方式。在这种情况下，退休的大爷们倾向于凑到一起下象棋，而退休的大妈们喜欢旅游或扎堆跳广场舞，这种差异性反映了不同社会群体在娱乐活动方面的不同需求和兴趣。

　　结果分析：我们能看到 ChatGPT 很快提炼出一个概念——年龄和性别差异的娱乐偏好。此时，笔者对这个概念不是很满意，那么可以重复问一次。

　　我是一位大学的研究者，我观察到退休的大爷们最主要的娱乐是凑到一起下象棋，而退休的大妈们热衷于旅游或者扎堆跳广场舞。请问这种现象应该用什么样的学术概念来表述。

　　这种现象可以用"性别和年龄差异的娱乐兴趣和偏好"这个学术概念来表述。在不同文化、社会背景和兴趣爱好的影响下，不同性别和年龄的人们可能对娱乐活动有着不同的倾向和偏好。在这个案例中，退休的大爷们更喜欢聚在一起下象棋，而退休的大妈们热衷旅游或跳广场舞，这种差异反映了不同性别和年龄群体在娱乐方面的兴趣和需求上的分歧。

结果分析：我们看到 ChatGPT 再次给出一个新的概念——性别和年龄差异的娱乐兴趣和偏好。相比第一次的概念多了两个字，笔者觉得不够精练，此时可以调整提示词继续发问。

 学术概念可以再精练一些吗？

可以，这种现象可以用"性别与年龄间娱乐偏好差异"来精练表述。该概念注重强调不同的性别和年龄群体在娱乐选择上的分歧，突出了群体差异的特点。

结果分析：经过三次发问，我们基本可以判断 ChatGPT 能够调整的空间有限。所以此时需要转变思路，继续发问。

 还可以有其他词汇推荐吗？

当然可以，除了性别和年龄，还可以使用"文化差异""社会角色变迁""兴趣爱好多样性"等学术概念来描述这种现象。这些词汇强调了不同的群体与环境背景、文化因素以及兴趣爱好之间的关联，是描述该现象的常用学术术语。

结果分析：在 ChatGPT 推荐的其他概念中，笔者认为"社会角色变迁"这个概念还不错，于是选择了此概念，继续发问。

如何使用社会角色变迁解释上述现象?

使用社会角色变迁的概念来解释这种现象,可以强调退休后不同性别群体对社会角色的认同和内化程度的差异。在传统观念中,男性更多扮演着"家长、抚养者、经济支柱"等主要角色,在奋斗事业的同时也需要兼顾家庭的责任和义务。因此,男性退休后往往希望寻找一种团体活动以满足社交需求,并继续延续之前的社会角色定位,如下象棋等类似游戏。而女性常常受到家庭责任等因素的影响,退休后可能开始探索新的兴趣爱好,如旅行等活动,以满足自身的兴趣和需求。这种现象反映了随着社会角色的变迁和不断进步,人们对于生活态度和期待在不断变化,从而导致娱乐方式和偏好的不同。

结果分析:我们看到上述分析过程还是非常具有合理性的。当发问进行到这一步的时候,作为研究者,可以确定你的研究的关键概念,即社会角色变迁。

需要注意的是,除了人工选择,这一步还需要检索文献数据库,看看是否有相关论文发表,需要进行佐证。

第二步,使用关键词模型。

此时可以与其他模型相结合,依据关键词来完成各种任务。

请完成一篇学术论文正文部分主要观点的论证(不需要摘要、关键词、引言和结论),要求围绕"社会角色变迁",说明男女两性在退休后生活方式的差异。要求:请给出三个子论点,每个子论点用一句话进行表述。

好的，以下是该论文正文部分主要观点的论证。

一、社会角色定位变迁引起退休后男女两性生活方式差异

随着社会的变迁，男女的社会角色定位在发生着改变。传统上，男性被赋予家庭经济支柱和事业成功等多重角色定位。因此，退休后的男性倾向于通过下象棋等类似游戏来满足社交需求。而女性常常由于家庭责任等原因不能全身心地投入工作，在退休后往往会选择旅游等具有探索性和创造性的娱乐活动。

二、家庭责任对男女娱乐选择的影响

虽然现代社会中很多家庭采用了"双职工"模式，但是大多数女性仍会承担照顾家庭和孩子的重担，这也会对娱乐选择产生影响。退休后，女性通常希望寻找更加自由、轻松的活动来放松身心，如旅游等。但是在传统观念中，男性往往更多扮演家庭经济支柱和事业成功者的角色，因此他们会倾向于选择团体化、规范化的活动方式。

三、性别差异意识对娱乐选择的影响

男女在娱乐选择中体现出的差异往往源于性别差异意识。例如，在教育、家庭和同辈朋友群体中，男性往往被灌输"力量""控制"等理念，女性则强调"柔美""关怀"等价值观。这种差异意识会影响个体的兴趣爱好和娱乐选择，也是退休后男女两性生活方式差异存在的原因之一。

模型总结

关键词模型主要考察我们对学术概念的精准理解。这是从事学术研究的基本功，也反映了研究者对概念的敏感性。在使用该模型的时候，需要有不断调整尝试的心态，同时也可以借助 GPT 强大的

概念提取能力辅助我们进行关键词的界定。一旦界定了关键词，随后的工作将变得更容易，例如，界定核心概念、发展研究假设、进行概念演绎等。

第三节　知识生产模型

模型内容

知识生产模型是一种独特的交互方法，用于从 ChatGPT 模型中挖掘出新的、原创的信息和知识。这个模型将 ChatGPT 视为一种创新工具，为我们提供从未接触过的观点或见解，从而增强我们的理解和知识储备。使用知识生产模型时，一种常见的实践是向 ChatGPT 提供一个具体的问题或主题。问题或主题应该是明确且具体的，以便模型能够集中精力在此问题或主题上产生最相关的输出。此外，为了最大限度地利用模型的创造性和发散性，问题或主题可以是开放性的，比如提出一种假设或者提出一个需要创新的解决方案。

我们要为模型提供一个明确的任务或目标提示，指示模型应该生成何种类型的文本。例如，我们可能要求模型生成一个详细的研究计划、一个步骤清晰的教学方案，或者一篇深入讨论特定主题的论文。通过设定具体的任务或目标，我们可以引导模型更好地满足我们的需求，获得更有价值的输出。

但仅有问题和任务提示是不够的，为了优化结果，提示还应包含关于期望输出的更多细节。例如，我们可以指定我们想要的文本长度、格式、风格或者语言等。我们也可以设定一些特定的要求或约束，比如使用或避免某些特定的术语，或者需要在文本中包含或排除某些特定的信息。

模型公式

> 生成关于【主题】的新的和准确的信息。
>
> 回答以下问题：【问题内容】。
>
> 对以下【特定话题的知识】进行整合：【插入新的内容】。
>
> 请根据数据库产生关于【行为】的新的和原创性信息。

读者不必拘泥于上述表述方式，而应该理解模型公式背后的逻辑。

适用的学术场景

知识生产是 ChatGPT 大模型的核心能力，它的预演练大模型可以根据人类提供的提示词进行概率性知识生成，这一点对于以从事知识生产为主要工作内容的研究者来说至关重要。在观点创新、理论学习、方法匹配、论据提供、资料分析、质性编码等多个场景下知识生产模型都能够发挥重要作用。

模型实际操作举例

例1：分析调查数据。

目前 ChatGPT 还不具有直接分析数据的能力，但它对于数据分析的流程和方法非常了解，并且可以输出任何我们需要的结合各种专门的统计分析工具的执行过程或者代码。以下示例展示了 ChatGPT 对统计分析过程的理解，以及输出 python 代码的能力。读者也可以用 python 运行代码，实现对统计数据的分析。

如果自变量是学科，属于类别变量，因变量是成绩，属于数值型变量，那么想看各学科成绩是否存在显著差异，应该使用什么统计分析方法？

如果自变量是学科（类别变量），而因变量是成绩（数值型变量），那么想要比较各学科成绩是否存在显著差异，可以使用方差分析（ANOVA）进行统计分析。方差分析（ANOVA）是一种用于比较三个或以上样本均值的方法。

在进行方差分析之前需要满足一些假设条件，包括以下几种。

正态性假设：每组数据都应该近似于正态分布；

方差齐性假设：每组数据的方差相等；

独立性假设：对于每一组来说，其对应的样本应该是独立采样的。

如果假设成立，我们可以应用方差分析来检验各学科成绩是否有显著差异。

具体而言，方差分析将总平方和（SST）分解为组内平方和（SSW）与组间平方和（SSB）。通过计算 F 统计量值，并与临界值或 P 值进行比较，可以得出结论，以确定是否存在显著差异。如果组间平方和显著大于组内平方和，则表明至少有一组数据与其他组存在显著差异。

因此，在这种情况下，方差分析（ANOVA）是检查各学科成绩是否存在显著差异的常用统计方法。

方差分析是用于比较两个或多个组之间平均数的差异是否显著的一种统计方法。在进行方差分析前，需要确定研究问题和研究假设，并对所得数据进行检验。

请按照上述要求对以下数据进行方差分析[①]。

English	math	economics	statistics
79	79	81	78
90	90	92	89
		...	
84	88	86	87
79	79	81	78

对不起，作为一个文本生成模型，我没有能力直接处理和分析数值数据。我无法像 python，R 或其他数据处理软件那样执行数据分析操作。但我可以告诉你在 python 中如何使用库如 SciPy 或 Statsmodels 来执行一元方差分析（ANOVA）。

下面是一个示例代码片段：

```
import pandas as pd
import scipy.stats as stats
```

假设你的数据是一个列表的列表，每个子列表代表一种学科的所有成绩

```
data = [
    [79, 90, 73, ..., 89], # English scores
    [79, 90, 73, ..., 85], # Math scores
    [81, 92, 75, ..., 91], # Economics scores
    [78, 89, 72, ..., 84], # Statistics scores
]
```

创建一个数据帧

---

① 编者注：因版面原因，部分行的数据删除。

```
df = pd.DataFrame({
    'English': data[0],
    'Math': data[1],
    'Economics': data[2],
    'Statistics': data[3]
})
执行一元 ANOVA
f_value, p_value = stats.f_oneway(df['English'], df['Math'],
df['Economics'], df['Statistics'])
打印结果
print('F value:', f_value)
print('P value:', p_value)
```

这个代码片段首先导入了必要的库，并创建了一个数据帧来存储各个科目的成绩。然后，它使用 scipy.stats 库中的 f_oneway 函数来执行一元 ANOVA。最后，它打印出了 F 值和 P 值，这两个值可以告诉你各学科之间的成绩是否存在显著差异。

如果 P 值小于 0.05（或你选择的显著性水平），那么你可以拒绝零假设（即各学科的成绩没有显著差异），并接受备择假设（即至少有两个学科的成绩存在显著差异）。如果 ANOVA 测试结果显示显著差异，那么你可能需要进一步进行多重比较（比如 Tukey、Bonferroni 等），以确定具体哪些学科间的成绩有显著差异。

例 2：理论观点的迁移和写作辅助。

假设你需要进行某项写作，也想到了采用某位理论家的理论观点，此时你可以先将理论观点迁移到你所在的研究领域，然后使用知识生产模型进行产出。完成这项工作需要以下几个步骤。

第一步，从经典理论推论到你自己研究的观点。

我是一位教育学领域的研究者，我正在进行一项有关小升初的升学现象的研究，我发现家长热衷于打造"牛娃"，并且"牛娃"们确实都有更好的小升初的择校结果。我希望借助布迪厄的文化资本的相关理论对该现象进行深入研究。你作为我的研究助理，请结合布迪厄的理论帮我发展三个核心观点。需要注意的是，我不希望你直接陈述布迪厄的理论观点，而是要针对我所研究的现象给出具体的观点。

这是一项非常有趣的研究课题，我可以根据布迪厄的文化资本理论，为你的小升初升学现象研究构建以下三个核心观点。

1. 文化资本的传承。在这个现象中，家长们试图将自身的文化资本，如知识、技能和教育理念，转移给他们的孩子，以提升孩子的教育竞争力。因此，这个过程不仅是孩子个体的努力，更多的是家长通过培养孩子而对文化资本的再生产和传承。你可以研究这种家庭文化资本如何影响孩子的学业成就和小升初的选择结果。

2. 社会阶层与教育选择。布迪厄的文化资本理论强调了社会阶层在教育选择上的影响。因此，你可以探讨不同社会阶层家长对"牛娃"塑造的理解和行动策略，如何反映其社会地位和文化资本的特征，以及这种差异如何影响他们孩子小升初的择校结果。

3. 教育市场与文化资本。家长们试图通过打造"牛娃"以在教育市场中获取更多的机会和优势。这一点可以从布迪厄的理论中获得启示，即文化资本在教育市场中的流动和交换，与物质资本并无本质上的区别。你可以探究小升初的过程中家长如何通过积累和运用文化资本，为孩子获取更好的教育资源和择校结果。

这三个观点都是基于布迪厄的文化资本理论，并具体针对你的研究现象展开的，希望它们能对你的研究有所帮助。

结果分析：此时我们看到 ChatGPT 给出了三个观点，但呈现方式并不是写作式的，而是建议式的。这时候我们需要继续发问。

非常好，这给了我很多启发。请将上述三个观点转化为学术写作场景中的语言表述。

非常高兴听到这些观点对你有所启发。下面我将这些观点转化为学术写作的表述。

1. 文化资本的代际流动性。在小升初的升学现象中，显著的一环是家庭文化资本的传递。家长们将自身的教育经验、技能和知识传递给孩子，实质上是在进行文化资本的再生产和传承。此项研究将专注于揭示这种文化资本的传递如何塑造孩子的学业成就，以及对小升初择校结果的影响。

2. 社会阶层与教育策略的关系。受布迪厄理论的启发，我们将探究不同社会阶层在孩子教育过程中的选择和行动策略，尤其关注对"牛娃"这一概念的解构，洞察家长的行动模式，反映其所在社会阶层的文化资本特性，以及这如何影响其子女小升初的择校结果。

3. 教育市场中的文化资本流动。此研究也将观察教育市场竞争背景下，家长如何通过文化资本的积累和运用来为孩子争取更多的教育机会。我们将从布迪厄的角度来解读小升初过程中家长如何投入文化资本，以获得更优质的教育资源和更有利的择校结果。

这些表述以学术的语言描述了你的研究目标和研究问题，希望对你的研究有所帮助。

结果分析：其实到这一步，我们还需要进一步进行转换，第一点是规范的观点陈述，但是第二点和第三点并没有突出观点的断言性陈述，只是给出了一些应然性的建议。此时研究者可以人为进行观点整理。例如，整理为如下三个核心观点：

1. 文化资本的代际流动性。在小升初的升学现象中，显著的一环是家庭文化资本的传递。家长们将自身的教育经验、技能和知识传递给孩子，实质上是在进行文化资本的再生产和传承。

2. 社会阶层与教育策略的关系。受布迪厄理论的启发，本文认为不同社会阶层在孩子教育过程中的选择和行动策略是不同的。"牛娃"概念的解构有助于我们洞察家长的行动模式如何反映其所在社会阶层的文化资本特性，以及如何影响其子女的小升初择校结果。

3. 教育市场中的文化资本流动。在教育市场竞争背景下，家长会通过自身文化资本的积累和运用来为孩子争取更多的教育机会。文化资本的流动更多发生在家庭和教育市场之间，意味着家长之间会产生对于优质升学资源和稀缺机会的竞争。

一旦我们明确了上述三个核心观点，就可以针对每一个核心观点展开补充论证，此时可以请 GPT 进行证据扩充。我们继续来发问。

我是一位教育学领域的研究者，我正在进行一项有关小升初升学现象的研究，我发现家长热衷于打造"牛娃"，并且"牛娃"们确实都有更好的小升初的择校结果。我希望借助布迪厄的文化资本的相关理论对该现象进行深入研究。以下是我已经提出的三个核心观点，请逐一进行扩展，为每个观点提供三条论据，并说明论据能够论证核心观点的理由。

1. 文化资本的代际流动性。在小升初的升学现象中，显著的一环是家庭文化资本的传递。家长们将自身的教育经验、技能和知识传递给孩子，实质上是在进行文化资本的再生产和传承。

2. 社会阶层与教育策略的关系。受布迪厄理论的启发，本文认为不同社会阶层在孩子教育过程中的选择和行动策略是不同的。"牛娃"概念的解构有助于我们洞察家长的行动模式是如何反映其所在社会阶层的文化资本特性，以及如何影响其子女的小升初择校结果。

3. 教育市场中的文化资本流动。在教育市场竞争背景下，家长会通过自身文化资本的积累和运用来为孩子争取更多的教育机会。文化资本的流动更多发生在家庭和教育市场之间，意味着家长之间会产生对于优质升学资源和稀缺机会的竞争。

非常好，我现在来为这三个核心观点提供支持的论据。

1. 文化资本的代际流动性

论据一：研究发现，家长的教育背景对孩子的学业成就有显著影响，这反映出家庭文化资本的传递过程（Bourdieu, 1986）。理由：这证明了家长们的文化资本可以通过教育传递给孩子，从而影响孩子的学习表现和小升初的择校结果。

论据二：家长的职业背景和社会经验能够帮助孩子构建丰富的知识体系，这对他们的小升初择校结果产生积极影响。理由：这反映了家庭文化资本的多样性，包括教育背景以外的各种知识和技能，这些都可以作为文化资本的组成部分传递给孩子。

论据三：家长的教育期望能够影响孩子的学习动力和自我期望（Bourdieu 和 Passeron, 1990）。理由：这显示了家庭文化资本不仅包括明确的知识和技能，还包括隐性的价值观和期望，这些都会在家庭环境中被孩子吸收。

2. 社会阶层与教育策略的关系

论据一：不同社会阶层的家长对孩子的教育方式和目标有不同的认知（Bourdieu，1984）。理由：这证明了社会阶层在决定家长的教育策略方面有重要作用，反映出不同社会阶层的文化资本特性。

论据二：家长在孩子的学业选择和学习资源投入方面存在显著的社会阶层差异。理由：这反映了社会阶层对家长的影响，家长对孩子教育的投入程度反映出他们所掌握的文化资本。

论据三：研究发现，高社会阶层的家长更有可能为孩子提供更广泛的教育机会，比如参加各种课外活动和补习班（Bourdieu，1977）。理由：这说明社会阶层影响了家长能够给予孩子的教育资源。

3. 教育市场中的文化资本流动

论据一：在教育市场的竞争中，家长的文化资本能够影响他们的教育选择和决策（Bourdieu，1986）。理由：这证明了家长的文化资本在教育市场中的流动和应用，尤其是在小升初这样竞争激烈的阶段。

论据二：有研究显示，家长的社会网络和关系对孩子的升学有显著影响，这可以被视为一种特殊的文化资本（Bourdieu，1986）。理由：这说明家长的社会资源也可以作为文化资本的一部分，在教育市场中发挥影响力。

论据三：研究发现，家长为了让孩子在教育市场上获得优势，会投入大量的时间和精力（Bourdieu，1977）。理由：这说明家长对文化资本的积累和运用是长期和持续的，反映出教育市场中文化资本的竞争性质。

结果分析：能够看到，ChatGPT 针对三个核心观点按照提示词的要求各自给出了三条论据，且这些论据和核心观点之间有很强的论证逻辑性。对于写作者来说，利用这些论据所形成的启示，去完成参考文献的进一步阅读以及文章的进一步写作是非常有启发性的。

模型总结

知识生产模型在各类 AI 模型中占据着基础地位，当然更占据着核心的地位。在一个广义的框架中，可以认为所有的 AI 模型都具备某种程度的生产性，因为这符合 GPT 大模型的算法逻辑。这种算法逻辑依赖大量的数据训练，以期在处理新的输入时生成有效的输出。这种输出不仅可以是预测性的，还可以是一种创新的知识生成。

然而，当我们专注于狭义的知识生产模型时，其特性和目标变得更为显著和具体。在这个模型中，我们期待 AI 模型不仅在已有知识的基础上生成输出，而且要创造出一些全新的知识。这些新的知识对于研究者来说是全新的、未知的，它们可以提供新的观点，开启新的研究方向，或者解答那些以前没有答案的问题。

这样的期望并非空想，因为 ChatGPT 大模型在训练过程中已经吸收了各领域和各主题的知识，具备了从不同角度提供新知识的潜力。例如，GPT 大模型可以通过对已有数据进行新的组合和分析，生成新的洞见和观点；可以在处理具有挑战性问题时，生成我们尚未意识到的解决方案；可以在面对复杂的研究问题时，为我们提供新的研究路径。

在这个意义上，知识生产模型不仅是一个工具，更是一种策略和方法，可以帮助我们在面对未知和复杂问题时，创造出新的知识，从而推动我们的理解和进步。

第四节　知识整合模型

模型内容

知识整合模型是一种具有重要价值的知识管理工具，专门用于处理和管理各种已有信息，包括但不限于概念、理论、经验、材料和数据。它的强大之处在于卓越的联想能力，可以将看似无关的信息和知识有效地连接起来，从而产生新的理解和洞见。

首先，知识整合模型的一个核心特点是具备跨学科的能力。它能够从不同的知识领域提取相关的概念、理论和数据，然后通过逻辑关联和理性推理，将这些分散的元素整合成一个有内在联系的整体。例如，在研究气候变化问题时，知识整合模型可以将地理学、气象学、生物学和人类社会学等多个领域的知识进行整合，以得出更全面、更深刻的理解。

其次，知识整合模型强调实际经验和理论的融合。通过将理论知识和实践经验结合在一起，知识整合模型不仅可以增强我们对特定问题的理解，还可以为我们提供更多关于如何将理论应用于实践的启示。这种对理论和实践的综合处理能力，使得知识整合模型在解决复杂实际问题时具有极高的实用价值。

最后，知识整合模型的优势还体现在持续的学习和更新能力上。在处理已有信息的过程中，知识整合模型不断吸收新的数据和信息，通过比较、分析和判断，不断修正和完善已有的知识结构。这种动态的、适应性强的学习模式，使得知识整合模型能够随着环境的变化和新信息的出现持续产出新的内容和理解。

模型公式

> 请将以下材料与【概念】结合起来:【材料】。
>
> 请将以下两个概念以一种合乎逻辑和有关联的方式结合起来:【概念 1】【概念 2】。
>
> 用【相关理论】结合以下内容进行扩充:【材料或经验】。
>
> 进行学术写作的时候,请指定引用某项研究:【具体研究】。

公式解读:读者不必拘泥于以上公式的具体表述,而应该理解其中知识整合的逻辑。第一个公式是期待将某一个概念作为分析视角,针对经验现象或者一段材料进行分析,体现了概念和材料的整合。第二个公式是期待两个概念间能够以某种逻辑性的方式进行整合,体现了概念和概念的整合。第三个公式是期待使用某种理论系统解释经验材料,体现的是理论和经验之间的整合。第四个公式体现了自己的研究与已有研究的结合,是期待已有研究作为论文写作当中的论据。

适用的学术场景

知识整合模型在学术研究中具有非常广泛的使用场景。当我们使用某一种理论视角去解释某个现象,但是不会解释的时候;当我们不清楚两个概念之间是否能够建立逻辑和命题关系的时候,尤其是当学到一个概念想了解概念的解释范畴的时候;当我们需要进行理论构建,试图建立概念间关系的尝试性构建时,都可以使用知识整合模型。

模型实际操作举例

例1：将概念和材料进行整合。

请将以下材料与"政府社会治理模式"结合起来：山东省淄博市在面对烧烤热带来的环境污染时，并不是一关了之，而是积极引导烧烤业的发展，规范市场价格，并把握机遇大力发展旅游业。要求：用学术论文的语言进行表述，并且有一定的理论视角。

本文旨在从政治学视角探讨山东省淄博市政府应对烧烤业环境污染问题的社会治理模式。社会治理是指政府、社会组织和公民等各方参与共同管理、解决社会问题的过程。政府社会治理模式是指由政府牵头，社会组织和公民参与的一种社会治理形态。

在淄博市烧烤业带来的环境污染问题上，政府采取了引导和规范的方式，推动企业健康发展，并把握机遇大力发展旅游业。这体现了政府将社会治理主张贯彻到实践中，形成了以政府为主导、多元化参与的政府社会治理模式。

首先，政府作为主导者，在制定有关政策以及法规方面发挥了重要作用。政府推行新的环保政策，加强相关规定的执行力度，为烧烤业的健康发展创造了良好的外部环境。同时，政府积极引导企业转型升级，鼓励企业采用更加环保的技术和产品，以实现可持续发展。

其次，政府还主导了社会组织和公民参与的过程。在淄博市，政府积极开展宣传教育，引导公民关注环保问题，增强环保意识和责任感。同时，政府也鼓励企业与社会组织建立合作关系，共同推动环保事业的发展，实现政府、企业、社会组织和公众之间的深度融合。

最后，政府采取了多种手段，加强对社会治理过程的监督和评估。政府建立相关的监管机制，加强对烧烤业的日常监管工作，及时发现问题并予以解决。同时，政府还通过定期评估来检查政策的执行情况，发现问题及时进行调整和优化。

综上所述，在淄博市烧烤业带来的环境污染问题上，政府采用了引导和规范的方式，构建了一种以政府为主导、多元化参与的政府社会治理模式。这种模式不仅能够更好地提高政府的治理效率和治理水平，也能够更好地激发社会各方面的积极性，共同推进社会治理进程，实现社会治理的良性循环。

例2：将理论与经验现象进行整合。

请将以下两个概念以一种合乎逻辑和有关联的方式结合起来：【福柯的全景敞视理论】【快递小哥的工作】。

福柯的全景敞视理论与快递小哥的工作可以结合起来，探讨现代社会中监管的力量和普遍性问题。福柯认为，在现代社会中，权力不仅是政治与经济的体现，还融入到社会实践的方方面面，成为一种"全景敞视"的力量存在。而快递小哥在工作过程中也需要接受各种监管，如速度、安全和服务等多种要求，以确保其工作质量和效率。这同时也意味着现代社会中各个领域都包含着权力关系和相应的规定标准，快递小哥只有严格按照这些标准执行工作，才能够在竞争激烈的市场中立足。因此，可以说福柯的全景敞视理论与快递小哥的工作密切相关，说明了现代社会中监管的力量和普遍性问题，通过对劳动力量的规范化和管理，现代社会可以对权力进行普遍性的行使。

请将以下两个概念以一种合乎逻辑和有关联的方式结合起来：【福柯的全景敞视理论】【影视明星的私人生活】。

福柯的全景敞视理论与影视明星的私人生活可以结合起来，探讨当代媒体和社交网络对于个人隐私权的侵害问题。福柯认为，在当代资本主义社会中，不仅政治、经济等方面被权力渗透了，各种机构和行为也成了"全景敞视"的对象。而现代的媒体和社交网络使得信息传播更加快速和广泛，社会上的人们可以通过这些信息获取渠道来获得他人的个人隐私信息，包括影视明星的私人生活信息，使其受到了前所未有的曝光和监视。

影视明星的私人生活常常成为大众关注的焦点，媒体和社交网络平台都在追求"独家新闻"和"爆料"，但这也有可能涉及明星的隐私权利，给他们带来很大的麻烦和困扰。他们被迫在一定程度上失去自己的私人空间，遭受整个社会的评判和监视。这表明，随着现代通信技术的发展，个人隐私的保护已经变得越来越重要，需要我们加强个人信息保护意识。

因此，可以说福柯的全景敞视理论与影视明星的私人生活密切相关，说明了当代媒体和社交网络对于个人隐私权的侵害问题。这也提醒我们要加强对个人隐私权的保护和尊重，平衡信息传播自由与保护个人隐私权的关系，并处理好公共利益、媒体职业道德和个人隐私权的关系。

请将以下两个概念以一种合乎逻辑和有关联的方式结合起来：【福柯的全景敞视理论】【小学生的课堂】。

福柯的全景敞视理论与小学生的课堂可以结合起来，探讨现代教育中权力关系和知识传递方式问题。

福柯认为，在现代资本主义社会中，权力不仅存在于政治、经济等方面，还渗透到了各种机构和行为当中。在教育领域，教师作为知识的传授者和权力的持有者，对学生进行全景敞视的监管和规训，使学生成为被支配和监视的对象。而小学生在课堂上需要遵循严格的课堂纪律，按照老师们严格规定的教学流程和安排进行学习。这些要求包括如何提问、回答以及行动方式等各个细节，都是由教师来规范和监管的。

这表明现代教育中存在着权力关系和对学生的约束和支配，而忽视了学生的个体差异和人性化需求，导致学生缺乏自由、独立思考和创新精神。

因此，可以说福柯的全景敞视理论与小学生的课堂密切相关，说明了现代教育中权力关系和知识传递方式问题。这也提醒我们在教育过程中应该注重个体差异和多元化，让学生自由思考和发展才能、积极主动地参与到知识传递的过程中。同时，需要平衡权力和知识传递之间的关系，努力营造更加人性化和有温度的教育环境。

例3：将概念与概念进行整合。

请将以下两个概念以一种合乎逻辑和有关联的方式结合起来，并构建三个研究假设：【数字区隔】【行动信号】。

【数字区隔】是一种认知心理学概念，指人类在处理和解读数字信息时，常常会在大脑中自动地将数字进行分区或者分类，形成一种内在的心理区隔。而【行动信号】是社会学和经济学中的概念，指某个行为的发生可以作为一种信号，启动或者影响其他人的行为反应。

把【数字区隔】和【行动信号】两个概念结合起来，我们可以提出以下三个假设。

1. 数字区隔作为行动信号的媒介。 假设在某些情境下，数字区隔可以被用作一种行动信号，比如在定价、商品打折等经济行为中，商家可能利用消费者的数字区隔心理，设置一些心理价位，从而影响消费者的购买行为。

2. 数字区隔影响行动信号的解读。假设在人们接收和解读行动信号的过程中，数字区隔可能对其产生影响，即当行动信号包含数字信息时，人们可能依据自身的数字区隔心理对行动信号进行不同的解读和反应。

3. 数字区隔与行动信号的交互效应。 假设数字区隔和行动信号之间存在交互效应，即在特定的社会文化环境下，数字区隔的强度可能影响人们对行动信号的感知和响应，反之，行动信号的强度和明确程度也可能影响人们的数字区隔行为。例如，在股票市场，投资者可能因为数字区隔而对某些价格水平过度敏感，从而对相关的行动信号（如买卖信号）反应过度。

以上三个假设都基于数字区隔和行动信号两个概念的内在联系，即数字信息的处理方式（数字区隔）可能影响人们对行动信号的感知和反应，反过来，行动信号的特性也可能影响人们的数字区隔行为。这为我们理解和研究相关现象提供了新的理论视角。

模型总结

知识整合模型是一种非常强大的工具，其主要目标是在各个领域的知识之间建立起联系和桥梁，而不只是单一领域内的知识生成。

它的价值在于能够在概念和概念之间、概念和经验之间以及理论和经验之间构建起有意义的关联。相比之下，知识生产模型虽然重要，但其主要是在特定领域内生成新的知识。而知识整合模型强调将不同的知识领域结合在一起，以产生更深层次、更全面的理解。它可以令我们看到不同知识领域之间的联系，从而得出更丰富、更全面的结论。

知识整合模型的工作方式主要是通过横跨多个领域的学习和分析，找到它们之间的共通点，然后以此为基础，建立新的理解和知识。例如，它可能发现，虽然两个领域看起来无关，但实际上两个领域之间存在着深层次的相似性。通过建立这样的联系，知识整合模型可以打开全新的研究领域，帮助我们解决更复杂的问题。

此外，知识整合模型还能帮助我们将理论和实践更好地结合起来。理论可以使我们加深对世界的理解，但是只有将理论应用到实践中，我们才能真正理解其价值和意义。知识整合模型正是将理论和实践联系在一起，帮助我们在实践中检验理论，并从实践中获得新的理论。

第五节　决策模型

模型内容

决策模型指的是通过向 ChatGPT 输入选择标准，以及给定多种不同的方案，并最终选择最佳答案或者最优行动策略的过程。决策模型是一种解决问题和选择最优解的强大工具，通过向 ChatGPT 输入选择标准和多种方案，帮助我们制定出最佳的答案或行动策略。

决策模型不仅能帮助我们做出明智的选择，而且能让我们的决策过程更加透明和科学。通过使用 ChatGPT 决策模型，我们可以系统地处理信息、理性地考虑所有可能的选择，并最终做出最优的决策。

模型公式

请对以下文本内容从正面、中立和负面进行分类：【文本】。

适用的学术场景

需要对文本内容进行分类选择，如考试"刷"选择题，或者进行情感分析的时候使用。

模型实操举例

例 1：情感分析（以下为一段访谈资料）。

请对以下文本内容从正面、中立和负面进行分类，并与具体内容结合起来。

###

但是现在连基本的信息收集都做不到。比方说营销编辑图省事，把信息往沟通群里一放，说了句：我都入库了啊。大家关注一下就完事了。这工作做得非常超值的！假如这是一本图书，加上图书经理满打满算就 6 个人，一个人沟通 5 分钟，一共需要 30 分钟。是吧？你说你一个小时沟通完了，这个效果绝对是不一样的。就说直接打电话沟通，是吧？打电话沟通也可以，或者你在 qq 上直接发给他，说你是发图书经理的，也发给了你，我们这本书你读了感觉怎么样？说说作者的特点，然后说说书里写了什么内容，适合什么样的读者群，若有什么适合的客户推荐你说一下。你是不是有印象了？基本的印象都有了。可人连理都不理你，而你往后也特别忙，你忙了就没时间去关注这个沟通群，这个东西、这个群里面发的文件，天天发，信息那么多，说话的、干什么都有。我说他们那个干法都是养猪的，都往槽子里倒，你爱吃不吃？你吃上就吃，吃不上就拉倒。我发现出版社把这种qq啊、微信啊当成一种正常的、正式的沟通渠道是有问题的，会依赖这个东西。实际上还是说沟通的渠道问题，哪些东西可以用微信沟通、哪些东西打电话沟通去说就不一样。我们也有好多沟通群，然后我都在群里发一下，你能保证大家都看到吗？人家见得出版社多了，对不对？一天接触那么多出版社，你发的文件多了，可是人家也不一定在乎。但要是我单独发给你，一发完还要跟你说话，说完话再给你打个电话，那你就绝对不一样了。

###

情感分析结果：负面。

情感分析理由：文章中负面情感较为明显，主要体现在对目前营销编辑工作不够严谨和不够努力的批评上。作者认为营销编辑把信息往沟通群里一放，说句话就把书入库了，并没有注重细节和效率。同时，作者还对出版社过度依赖和形式化地使用微信等通信工具表示担忧，认为这会影响与客户的沟通效果。整篇文章流露出一种批评、不满、紧张、焦虑的情感态度，属于负面情感。

例 2："刷"题应用。

请选择正确答案。

在社会学发展史上，请问哪位社会学家提出了"社会学"这个概念，并出版《实证哲学教程》等著作，将社会学逐步从社会哲学领域独立出来？

A. 奥古斯特·孔德

B. 卡尔·马克思

C. 埃米尔·涂尔干

D. 斯特科特·帕森斯

答案是 A. 奥古斯特·孔德。他是提出了"社会学"这个概念并出版了《实证哲学教程》等著作的社会学家，他的工作将社会学逐步从社会哲学领域独立出来。

例 3：选择和匹配理论。

我是一位社会学领域的研究者，正在进行有关广场舞大妈群体的研究。我感兴趣的现象是舞蹈社交如何影响大妈融入广场舞群体。通过前期阅读和理论梳理，我整理了以下 10 个理论。你需要作为我的导师，辅导我选择一个最为匹配的理论，并给出详细理由。

###

1. **符号互动论**。该理论认为，人们在社交中通过语言和符号交流意义和角色。

2. **社会认同理论**。这是一种关注人们如何定义自己身份的理论，这种身份是由他们所属的社会群体决定的。

3. **社区资本理论**。该理论主要讨论社区之间的信任、规范和网络对其成功的影响。

4. **文化资本理论**。该理论由布迪厄提出，强调了文化资源在社会地位和权力中的角色。广场舞可能被视为一种文化资本。

5. **结构功能主义**。该理论认为社会秩序由其各个部分的功能所决定。

6. **社会构造主义**。该理论认为社会现象是通过人们的交流和互动构建的。

7. **冲突理论**。该理论强调了社会不平等的存在，并认为这种不平等是由权力和资源的不均衡分配引起的。

8. **习俗理论**。该理论指出，行为是由社会习俗和期望塑造的。

9. **行动网络理论**。这种理论关注的是人与人之间、人与物之间的关系网络如何塑造社会现象。

10. **女性主义理论**。这种理论侧重性别在社会结构中的作用，并寻求理解和挑战性别不平等。

###

根据你的研究焦点——舞蹈社交如何影响大妈融入广场舞群体，我认为"符号互动论"可能是最匹配的理论，理由如下。

1. **符号和意义**。符号互动论认为，社交是通过语言和符号进行意义交流的过程。在你的研究中，舞蹈作为一种非语言的符号，可能扮演着重要的角色。通过舞蹈的形式，大妈们在无意识地传递信息，如她们的情绪、性格、社会地位和身份等。这种符号交流可能是大妈们融入广场舞群体的关键。

2. **角色演绎**。符号互动论的另一核心观点是人们在社交过程中都在扮演角色。对于广场舞大妈群体来说，通过舞蹈，她们可能在扮演一个特定的角色，例如，一个活泼开朗的大妈，一个严肃认真的领舞者，等等。这种角色演绎可能帮助她们在群体中获得认同和地位。

3. 互动过程。符号互动论强调了社交是一个动态的互动过程，这与你的研究焦点——舞蹈社交高度契合。舞蹈作为一种社交活动，其过程就是大妈们通过符号互动建立关系和身份的过程。

因此，使用符号互动论来分析和理解广场舞大妈的舞蹈社交如何影响她们融入群体，可能为你的研究提供深入和细致的洞见。

例 4：进行研究设计的评估。

我正在进行一项研究，想通过德尔菲法评估研究的可行性。我需要联系五位领域内的专家进行可行性评估。能否请你扮演五位不同的专家，针对我发送的研究计划进行可行性评估并分别进行打分？

当然可以，我将尽力模拟五位领域内的专家，根据他们可能的视角和经验对您的研究计划进行评估。然而，您需要提供您研究计划的具体内容，以便我能够准确地进行评估。评分将根据以下标准进行。

1. 研究设计的逻辑性和一致性；

2. 研究方法的合理性；

3. 数据收集和分析的可行性；

4. 期望结果的可靠性和有效性；

5. 研究的创新性和对领域的贡献。

每个标准将采用 1 到 5 的评分，其中 1 分代表"非常不可行"，5 分代表"非常可行"。我将尽力模拟不同的专家视角，尽可能全面和客观地评估您的研究计划。

我的研究领域是公共管理，我的研究问题是"政府公共邮箱的居民投诉模式是如何影响政府的反馈效率的"。我打算采取在线的实验方法，采取定量抽样的方法，将全国2000多个县作为抽样框，并通过多层次抽样的方法，计划抽取200个县。我将提供几种不同的虚拟的居民投诉信，投诉信将分为投诉内容和行动态度，在事态严重性上进行区分。发送完之后，我将详细记录不同的县级政府的反馈内容、反馈速度以及反馈态度，以此来进行反馈效率的测量和研究。我希望能够研究出不同的投诉内容和政府反馈效率之间的关系模式。（注：此项研究纯属笔者杜撰，只是为了展示模型）

我将模拟五位专家对您的研究计划进行评估。

专家一：公共管理专业的教授

1. 研究设计的逻辑性和一致性：5/5；

2. 研究方法的合理性：4/5；

3. 数据收集和分析的可行性：3/5；

4. 期望结果的可靠性和有效性：4/5；

5. 研究的创新性和对领域的贡献：4/5。

总体评分：20/25。

评估意见：我对你的研究计划给出了较高的评价，研究问题在当前的公共管理研究中具有一定的创新性。然而，对政府反馈的数据收集可能存在实际操作上的困难，比如反馈态度的定性分析可能存在主观性，需要设计合理的评价标准。

专家二：公共管理实践工作者

1. 研究设计的逻辑性和一致性：4/5；

2. 研究方法的合理性：4/5；

3. 数据收集和分析的可行性：3/5；

4. 期望结果的可靠性和有效性：4/5；

5. 研究的创新性和对领域的贡献：4/5。

总体评分：19/25。

评估意见：这是一个有趣的研究课题，具有实际操作价值。但数据收集可能存在难度，尤其是县级政府可能对同样的投诉信产生不一致的反馈，这也会影响结果的可靠性。

专家三：社会学专家

1. 研究设计的逻辑性和一致性：4/5；

2. 研究方法的合理性：3/5；

3. 数据收集和分析的可行性：2/5；

4. 期望结果的可靠性和有效性：3/5；

5. 研究的创新性和对领域的贡献：4/5。

总体评分：16/25。

评估意见：虽然研究问题和设计都有一定的独特性，但是涉及政府反馈内容的定量研究可能存在实施困难，需要更详细的操作方案。

专家四：统计学专家

1. 研究设计的逻辑性和一致性：5/5；

2. 研究方法的合理性：4/5；

3. 数据收集和分析的可行性：2/5；

4. 期望结果的可靠性和有效性：3/5；

5. 研究的创新性和对领域的贡献：4/5。

总体评分：18/25。

评估意见：这个研究设计相对明晰，但是数据收集方面可能遇到一些挑战，如反馈时间、反馈态度的准确度等，需要建立更精确的测量工具。

专家五：政治学专家

1. 研究设计的逻辑性和一致性：4/5；

2. 研究方法的合理性：4/5；

3. 数据收集和分析的可行性：3/5；

4. 期望结果的可靠性和有效性：4/5；

5. 研究的创新性和对领域的贡献：4/5。

总体评分：19/25。

评估意见：政府反馈效率与公民投诉关系是一项重要研究，这个课题具有一定的创新性和价值，但是政府的反馈效率可能受到诸多因素的影响，如政策环境、行政效能等，需要在设计中考虑更多可能的影响因素。

总的来说，研究设计具有一定的合理性和创新性，但在数据收集和分析的可行性上存在一定的问题，可能需要进一步的优化和改进。

模型总结

该模型适用于在给定的多个评价标准中进行选择，或者是给定标准对文本进行分类，或者是在给定的多个答案中进行选择。当我们需要在多个研究方案中进行选择的时候，往往用到决策模型，这意味着研究者能够选择更优化的方案。

决策模型是一种强大且实用的决策工具，它能够在多个选项之间进行评估和选择。在研究场景中，这种模型尤其有用，因为它可以帮助研究者对多个研究方案进行系统化或者量化评估，然后根据预定的评价标准选择最优的研究方案。

1. **广泛应用性**。决策模型可以应用于不同的场景。在有多个可选项并且需要进行决策的情况下，如选择研究方法、匹配研究理论、优化研究设计等，都可以使用决策模型。

2. **评价标准**。模型使用给定的评价标准对各个选项进行评估。这些标准可以根据具体的任务和目标来定。这样一来，研究者就可以根据具体的需求和情况设定合适的评价标准，对多个研究方案进行全面和细致的比较。

3. **优化决策**。通过使用该模型，研究者能够更容易地找到最优的研究方案。模型会根据设定的评价标准对每个选项进行评分，并将得分最高的选项作为最优方案。这样不仅可以帮助研究者避免主观和盲目决策，还可以使决策过程更加明确和可靠。

4. **灵活性**。决策模型具有很高的灵活性。除了可以进行选择，还可以用于文本分类或者答案选择等。在文本分类中，可以设定不同的评价标准，如主题相关性、逻辑一致性等，评估各类文本的质量。

在答案选择中，可以设置评价标准，如准确性、完整性等，评估不同答案的优劣。

因此，决策模型为研究者提供了一个全面、系统和科学的方法来选择最优方案，有助于提高研究的效率和质量。

第五章
prompt 进阶模型（上）

本章我们将深入讲解 5 个进阶提示词模型，这些模型都在各自的领域具有重要的应用价值，包括弹性指示模型、明确指示模型、知识扩展模型、摘要提炼模型和强化学习模型。

首先，我们将讲解弹性指示模型，它在给予方向性指示的同时保留一定的弹性，以促使 ChatGPT 输出带有一定创新性且带有编辑的内容。其次，我们将讲解明确指示模型，它会给予 ChatGPT 明确的内容产出方向，适用于需要产出带有明确知识边界内容的场景。接下来是知识扩展模型，它针对一个给定的概念或者理论进行深入扩展，提升研究者对已有知识的深入理解。紧接着，我们将讲解摘要提炼模型，该模型适用于长文本的压缩提炼和重点读取。最后，我们将讲解强化学习模型，该模型尤其适合解决复杂问题时从更为简单的任务开始训练的学术场景。这 5 个模型是我们理解和掌握 ChatGPT 的重要模型，本章将提供详尽的解析和实用的应用建议。

第一节　弹性指示模型

模型内容

弹性指示模型是一种能够在生成模型输出时提供更精细控制的方法，它允许模型在一定的灵活程度上理解并遵循研究者或用户的意图，以生成相应的文本内容。

在实际应用中，弹性指示模型一般通过为模型提供一组包含关键信息的输入，然后为这些输入添加一些关于期望输出的额外信息。例如，希望模型生成一段关于公共卫生的内容。

这种模型的关键在于，它允许模型在生成文本时保留一定的创新性和灵活性。也就是说，虽然模型会根据提示生成相应的文本，但是这些提示并不会过度限制模型的输出。这就是为什么这种模型被称为"弹性指示模型"。

值得注意的是，弹性指示模型通常需要经过多轮的提问和调整提示词，才能生成符合期望的高质量文本。通过多轮的提问和调整提示词，可以更精确地控制模型的输出，从而得到更高质量的文本。

模型公式

> 请模仿 / 设定【某种角色】并依据以下主题完成写作：【主题】。
>
> 请依据【某位作家的文字风格】完成以下主题的写作：【主题】。
>
> 请依据【某一种文字风格】完成以下主题的写作：【主题】。

公式分析：由上述公式可以看出，对 ChatGPT 进行角色设定，或让它模仿某位作家的风格、模仿某种文字的风格等，都不能对其进行具体明确的限定，只能指导大致的方向。因此，使用这样的公式一方面可以保证输出内容的大致方向，另一方面又可以发挥大模型内容产出的灵活性和创新性。

适用的学术场景

如果你喜欢某位老师或者作者的文风，可以把他的论文"喂"给 ChatGPT，然后请它模仿这位老师的文风进行新的写作。这个角色可以是一种身份角色，也可以是一个真实的人。在使用时需要注意，让 ChatGPT 先理解文风，再进行创作。

模型实际操作举例

例1：以模仿学术志平台小白老师的创作为例。

请问什么是文字风格？

文字风格是指写作或文字表达中的独特风格，包括但不限于语调、用词、句子结构、修辞手法等方面。每个人的文字风格都有所不同，这与个体的生活背景、文化教育、个性特点等因素有关系。同一作者在不同场合或不同主题下的文章，其文字风格也会有所变化。文字风格不仅是文章的外在表现形式，更能够体现作者的思维方式和情感态度。

如果给你一段文字，可以帮忙分析文字风格吗？

是的，我可以帮助分析一段文字的风格。请提供相应的文字内容。

如果分析完，能依据这个风格进行模仿创作吗？

分析完文字风格后，根据这个风格进行模仿创作是可以尝试的。但需要注意，在创作过程中要避免抄袭和盗用原作者的内容，尊重他人的知识产权和著作权。同时，也应该注重自己的独立创新和个性表现，不断丰富自己的文学素养和写作技巧，以及提升自己的文字表达能力。

以下这篇文章的作者叫小白，以后我们如果希望你参与模仿创作，我就告诉你，使用"小白风格"进行创作，你能理解吗？

是的，我理解，并且会记住"小白风格"，在需要时进行模仿创作。但请注意，在模仿创作过程中要避免抄袭和盗用原作者的内容，尊重他人的知识产权和著作权。

请分析小白的这篇文章

\###

各位老师：

大家好！刚才我们已经学习了学校的《考试管理办法》，部署了我院的监考工作安排，强调了监考所涉及的各项注意事项，下面我再对监考工作做一点补充。

1. 监考是一项涉及灵魂的工作，时间漫长，任务单调，过程煎熬，因此有强迫症的老师需要提前接受心理治疗，有重度手机依赖症的老师也需要在考试前几天戒掉手机，确保监考工作顺利进行。

2. 不少老师反映，期末监考前几天会出现失眠多梦、精神紧张、思虑过度、夜尿频多、内分泌失调等症状。去年我们不懂方法，给一些老师发了安眠药，这些老师睡觉时果真不会梦见出教学事故了，结果睡过头了出了真的教学事故。今年我院痛定思痛，邀请校医院神经科的几位大夫专门给大家做心理辅导，希望大家踊跃参加。

3. 同一考场的老师应该结成对子，互设闹钟，减少焦虑。

4. 进入考场后，老师们要努力压制自己想说话的想法，年长的老师不得主动向年轻的老师问年龄、专业、来了几年了、买房了吗、结婚了没有等问题，年轻的老师也不得主动向年长的老师打听职称、收入等情况。大家应该互相尊重，不能让对方过于悲伤。

5.考试开始后，教师可以在教室里走动，锻炼身体，但是速度一定要慢，步频不得超过每分钟80步，不得做大幅度甩臂动作。两位老师尽量一动一静，不得暴走，不得同时在考场内转圈圈，也不得做深蹲、俯卧撑、拿大顶等大幅动作。

6.如果监考中稍感无聊时，可以通过以下几种方式来缓解。

（1）把矿泉水瓶、眼镜布和粉笔盒上的字挨个看一遍，并尝试背诵下来。但要注意，不能一边走一边喃喃自语，以免被督导发现怀疑精神有问题。

（2）可以看多余的试卷，但每次看试卷不得超过五分钟，更不得把试卷上的题做完。

（3）可以看学生答题，但不能一场考试只看一个学生答题。看见学生不会或者答错了，要抑制住想帮他做题或改正的冲动。

（4）可以短时间向窗外眺望，但不得长时间站在窗前发呆。

（5）可以把玩粉笔、板擦等小物件，但是不得摆弄学生的物品。上次有一位老师把学生放在讲台上的草莓种子全挑了出来，学生都有意见了。

（6）自己玩自己手指头的要慎重。曾经有一位老师就在监考时把自己的手指头拧成"S"形而不得不去了校医院。

（7）如果头发多可以数数自己的头发，但是不得长时间盯着学生看，更不能数学生脸上的麻子。

（8）发呆宜把视线越过学生头顶望向远方，不宜面对某位同学，否则会造成这位同学压力过大。

（9）可以背诵乘法口诀，也可背诵元素周期表，不宜背诵豪放的唐诗宋词，更不宜背诵激动了一个人在教室里手舞足蹈。

（10）可以上洗手间，但不得总去洗手间。

###

小白的这篇文章文字风格是幽默、夸张、调侃，通过对监考前夕院长的发言内容进行描写，从一个有趣的角度呈现了监考工作的注意事项。作者运用夸张和幽默的手法，用一些极端的情景来形容监考老师在工作中可能遇到的问题，并给出了一些诙谐、幽默的建议和排解方法，使全文显得轻松、诙谐，具有较强的娱乐性和幽默感，适合在闲暇时阅读放松心情。同时，小白的文章也具有较强的议论性和社会关注度，在幽默、夸张的表达方式下传达了对教育环境和教学态度的思考。

　　好的，我们将上述风格定义为"小白风格"如何？

　　好的，我们可以将上述分析出的风格定义为"小白风格"，这是一种幽默、夸张、调侃的文字表达方式，在呈现问题和话题时通过夸张和幽默的手法来引起读者的共鸣和注意，同时也能传达作者对社会和教育现状的思考和关注，具有一定的社会议论性。

　　请用"小白风格"创作一篇新的文章。创作背景：国家社科基金项目已经发布了，这是政府每年发布的最重要的学术资助项目，高校老师如果希望晋升职称，都要申请到这个项目。但是这个项目申请的成功率很低，大概只有5%，因此每年各个大学的各专业都很重视这项工作。假设某大学经济学院院长正在针对全院教师开动员会，鼓励大家认真填报。

各位经济学院的老师们：
　　大家好啊！这几天，国家社科基金项目已经发布了。相信很多老师会把申请国家社科基金项目作为今年的重要任务，毕竟这可是能够助力晋升职称、提高绩效评估的超级武器啊！但是，我必须向大家说明一个事实：申请成功率只有5%！是不是感到心慌慌呢？

再次提醒各位老师，报告文学、小说研究、史学理论研究等传统热门学科已经被学者们抢得"满城飞"了。面对考验，我们需要调整心态，做好充分的准备。

一定要注意，申请国家社科基金项目犹如决战攻略玩"王者荣耀"，不能随便选英雄！一定要遵循"特长与志向、兴趣与背景"的选择原则。就好比在"王者荣耀"中选了一个不会技能的英雄，那么最后会被对手虐得很惨！同样，在填写申请表时，如果没有自己熟练掌握的学科和题材，那么就算闯过了初审，到了评审环节也可能因为专业素养问题落选。

当然有些老师问："我有研究成果啊，但在其他学者看来都是'小儿科'，这样还有机会吗？"我的回答是："绝对有机会。"不要小瞧了自己，以及自己的研究成果。我们能够想出来的"魔鬼经济学"等颠覆性课题，可能就是未来国家社科基金项目的新宠呢！

最后，我要强调：申请国家社科基金项目其实就是一场挑战自我的过程，无论是否成功，我们都应该从中发现和培养自己的研究兴趣和特长，进一步提高并展示自己的专业水平。因此，不要把目光只放在最终评审结果上，更不能因为失败而气馁，让我们共同为申请国家社科基金项目努力奋斗吧！

例2：模仿某位学者的学术风格和语言词汇进行写作。

我是一名社会学在读博士生，我希望能够模仿某一位作者的写作风格进行写作，你可以帮助我吗？

当然可以，我可以帮您分析某一位作者的写作风格，并为您提供相应的参考和指导。请问您有选定作者或文章吗？

好的，我有文章，但因为文章比较长，我可能需要分四次发给你，等我发完了，你进行整体写作风格分析可以吗？

当然可以，我可以帮助您整体分析该篇文章的写作风格，请发给我。

好，我现在发送第一部分给你。

非常好，请发送第一部分的文章给我。我将尽力分析其中的写作风格，并提供相关反馈和建议。

以下是第一部分的内容，请收到后回复"已学习"三个字。

（一）制度建构

制度并不是在真空中出现的，其通常通过挑战传统制度或借用其他领域的制度等方式在不同程度上替代先前的制度。鉴于制度产生过程与制度变革过程很难区分。有学者指出，如果一项研究重点放在产生新规则以及相关行为的环境和过程，则该研究就是关于制度建构的研究（Scott，2001）。关于制度建构的研究数量比较多，不同学者从不同的层面来进行制度的分析研究。有一项统计对自 1949 年塞尔兹尼克对田纳西工程管理局的成立与发展的研究，到 1996 年 Vaugh 对美国"挑战者号"失事与美国航天航空局的决策机制的研究为止的 45 年间的关于制度产生的实施研究成果，代表性的有以下十多项。诺斯和托马斯（North 和 Thomas，1973）从世界系统的视角对私人产权制度与社会经济发展的关系进行了研究。他们回顾了从中世纪到 18 世纪早期的欧洲政治经济发展状况，尤其是详尽分析和比较了 1500 年至 1700 年之间英国、荷兰、西班牙和法国的不同政治和经济发展。他们指出，荷兰和英国正是由于在 18 世纪早期建立了私人产权制度才确保了这两个国家经济的迅猛发展（同上）。以组织场域作为分析概念与分析单位进行制度研究的学者主要有德札端和葛斯以及迪玛奥。Dezalay 和 Garth（1996）研究的是解决不同国家商业争论的制度框架的建立：跨国商业仲裁法规与实践。他们通过研究发现：在 20 世纪 70 年代的跨国商业冲突由总部位于巴黎的某个元老俱乐部来进行仲裁。随着冲突数量的上升，一个位于美国的"专家技术论者委员会"应运而生，并得到了国际商会的认可。该研究的结论是：合法性机制的维持是保障仲裁行为得以继续实施的必要因素，即合法性机制为管理经济和政治实体提供了基础。迪玛奇奥（DiMaggio, 1991）研究的是 19 世纪晚期美国社会中专业人士通过建立文化环境，以支持艺术博物馆的发展和维持。他发现，慈善机构在促进馆长、艺术历史学家等专业人士的利益方面起到了重要的作用，而这些专业人士通过文化认知系统确保了艺术博物馆的存在。Mohr、Pearson 及 Suchman 分别从组织群的层面分析了福利组织和半导体企业的制度产生。Mohr 和 Pearson（1994）研究的是 1888 年至 1907 年间纽约的福利组织。他们发现，在该时间段内，福利组织的数目急剧下降。他们从法律法规的变化、组织规范的调整以及社会认知的变更三方面进行了原因分析。Suchman（1995）对加利福尼亚硅谷的半导体企业进行了研究，他详细分析了两家风险投资企业的 108 份风险投资财务合同。他认为，合同的标准化与硅谷企业的惯例以及认知有关。Walker 和 Weber（1984）分析了一个经典的命题——关于自行生产或购买的决策选择，在研究了 60 家汽车制造企业有关"生产或购买"决策的制度化过程后指出：基于生产成本的考虑要比基于交易成本的考虑对此决策的影响作用更大。Armour 和 Teece（1978）研究了一家石油企业的组织结构，发现采用多元化结构的组织在财务方面表现得更为出色。Teece（1981）对20个行业中具有相似规模和产品线的企业的结构进行分析。他的研究同样发现，首先采取多样化组织结构的企业的表现比较好。Moe（1990）同样从组织层面对单一组织的制度进行了分析。他研究的是美国消费者产品安全委员会的成立。他发现，这一机构的最初建立反映了各方利益的斗争，最后法律保障了这一机构的运行以保护消费者和企业的利益。塞尔兹尼克（Selznick，1949）检验了一个公共机构的诞生——田纳西工程管理局。他发现，在这一机构的成立过程中，基层的意识形态在决策制度和获得支持方面具有重要的作用。Vaughn（1996）研究的是美国国家航空航天局的决策制定过程，他详细分析了导致"挑战者号"飞船失事的技术和决策过程。他认为，生产压力和文化认知系统是关键因素。从组织内部的人际关系视角来进行制度分析的主要是爱克斯罗德（R. Axelrod, 1984）。他将"囚徒困境"模型应用于制度分析之中，用以研究个人在一个规则下如何追求自身利益。他认为，组织规则以及个人的认知都对个人利益追求行为产生影响。

已学习。

根据你提供的第一部分内容，我可以初步观察到一些写作风格的特点。

1. 使用较为正式的学术语言。文章运用了较为正式的学术术语和表达方式，如"制度建构""私人产权制度""福利组织"等，以传达专业性和学术性。

2. 密集的引用和参考文献。文章中引用了多位学者的研究成果，以支持论点和提供背景知识。这种引用和参考文献的使用显示了作者对相关研究领域的了解和学术深度。

3. 逻辑分析和比较。作者使用了逻辑推理和比较的方法，对不同的制度进行分析和对比，例如，对欧洲国家的政治经济发展、福利组织的数量变化等。这种分析方式有助于形成观点和阐明观点之间的关系。

4. 描述性的语言风格。文章使用了相对冗长和详细的表述，句子中包含了大量的名词和动词短语，以传达概念和复杂性。句子结构相对复杂，篇章间的衔接较为紧密。

这只是对第一部分内容进行的初步观察和分析。如果你能提供更多的文章内容或者对该作者的写作风格有更具体的描述，我将能够给出更精确的建议和指导。

以下是第二部分的文字，请收到后回复"已学习"。

（二）制度维持

制度的概念隐含了稳定与持续的意义（Scott，2001）。大部分制度学家认为，制度是一种吸收状态，一旦形成就不需要再花力气去维持。组织生态学家同样认为制度具有惰性。因此，关于制度维持的实证研究比较具有代表性的有 Zucker（1977）、Rowan（1982）、Tolbert（1988）、Miller（1994）、VandeVen 和 Garud（1994）等人的研究。作为文化认知制度学家，Zucker（1977）认为，文化认知系统在制度维持过程中起着积极的作用。他通过试验研究发现，一旦某种社会共享知识被制度化并作为现实的组成部分而存在，就能稳定地维持下去，且发挥直接扩散的作用。Kilduff（1993）从规范性系统的角度分析了共享标准对制度稳定性的影响。他检验了一家跨国企业中"惰性的再生产"后认为，企业更愿意聘用那些具有共享价值观和信仰的员工，从而使得企业的制度得以维持和扩散。Tolbert（1988）研究了法律企业的人员招聘行为后同样发现，当企业聘用那些具有不同价值观的员工时，企业更可能采取特殊的培训项目、指导系统以及给予新员工更频繁的评估。另一个研究规范性系统的是 Rowan（1982）关于加利福尼亚州公立学校对于创新的采纳情况分析。他发现，当学校受到当地系统制度环境中关键成员的支持时，更愿意采纳和维持创新，这些机构包括了国家和州的立法机构、州教育机构、州教授协会及教师培训机构等。Miller（1994）的研究涉及虔诚派教会组织，该组织从 19 世纪初成立至今已经存在了两个世纪。他发现，具有共同的社会基础，具有强烈的社会化结构，参与者具有相似的信仰和价值观，同时具备了神授、传统和法律三种合法性机制是该组织长寿的要诀。VandeVen 和 Garud（1994）以耳蜗内植入式助听器的出现对于制度的创造、选择和保留的影响为例，从管控性系统、规范性系统和文化认知系统三个方面分析了新技术及其制度化的关系。

已学习。

根据你提供的第二部分内容，我可以继续观察到该作者的写作风格。

1. 精细的概念分析。作者在文章中对制度的概念进行了仔细的分析，包括稳定性、惰性和文化认知系统等方面。这种概念分析展示了作者对于主题的深入思考和细致探究。

2. 实证研究的引用。作者引用了一些具体的实证研究，以支持对制度维持的论证。这种引用表明作者对相关研究领域有一定了解，并将其纳入自己的分析框架中。

3. 关注共享知识和价值观。文章中强调了共享知识和价值观对于制度稳定性和维持的重要性。作者通过引用不同研究案例，如跨国企业、法律企业和教育机构等来支持这一观点。

4. 结合多个制度分析角度。作者将管控性系统、规范性系统和文化认知系统三个制度分析角度结合起来，探讨新技术对于制度的影响。这种综合性的分析展示了作者的宏观思维和对多个方面的关注。

以上是对第二部分内容的初步观察和分析。如果你有更多的文章内容或者对该作者的写作风格有更具体的描述，我将能够给出更精确的建议和指导。

以下是第三部分的内容，请收到后回复"已学习"。

（三）制度扩散

一种制度化的形式会通过时间或空间进行扩散。学者们从不同角度研究了制度扩散，如迪玛奇奥和鲍威尔（DiMaggio 和 Powell，1983：147-160）指出，存在着三种制度扩散的机制——强迫性机制、规范性机制以及模仿机制。Strang 和 Meyer（1993）则区分了制度扩散的管理媒介和文化媒介。还有学者提出应该从供给和需求两个方面来分析制度的扩散（Brown，1981）。许多制度学家对制度扩散进行了一些实证研究。Tolbert 和 Zucker（1983）对 1885 年到 1935 年美国各个州采用公务员制度的情况进行了研究。他们发现，早期采用公务员制度的州通常来自有关法律法规等管控性系统的压力，而晚期采用这一制度的州主要是由于规范性系统和文化认知系统的影响。Westney（1987）研究了日本社会的组织场域，如警察系统和邮政系统对于西方组织模式的采用过程。他发现，这些西方组织结构的扩散在很大程度上受到政府部门的影响。科尔（Cole，1989）比较分析了日本、瑞典和美国在接受和维持创新行为上的主要区别。

他发现，不同国家的上层结构如政府部门、贸易委员会、联合组织等对于创新行为的采纳和支持具有重要的影响。Dobbin 和 Sutton（1998）研究了美国各州的强弱对于雇员制度的影响。他们发现，如果一个州是比较弱的，即该州不能制定一些明确的雇佣制度，那么位于这个州的企业就更可能制定一些明确的内部条款来规范雇员行为。Edelman、Uggen 和 Erlanger（1999）同样研究了美国的雇员制度，其研究结论是：政府颁布的人人平等的法规与企业管理人员制度的行为共同对雇员制度产生影响，并且一项新制度的扩散受到企业内部成员的影响要大于管控性政策的影响。Somers（1969）研究了美国卫生保健组织联合认证委员会的成立。他认为，专业人士在该组织的成立过程中起到了关键的作用。Ruef 和斯科特（1998）同样研究了医院组织。他们研究发现，像医院这样的组织如果通过了合适的专业机构的认可，就能够得到更好的生存与发展。Westphal 和 Zajac（1994）研究了 1970 年至 1990 年间美国商业社会中出现的一条非正式的规定：企业 CEO 的薪酬要与企业的业绩挂钩。通过对全球 500 强企业的董事会的研究分析，他们认为企业董事会是这一制度产生和扩散的主要原因。Baum 和 Oliver（1992）从文化认知系统的角度进行研究。他们通过多伦多日托中心这一制度扩散的研究发现，人们对于日托中心这一新制度的认知导致了这一制度的扩散。Guillen（1994）分析了 20 世纪中管理意识形态在美国、德国、英国以及西班牙的扩散情况。他的研究比较了管理理论与管理实践在制度扩散中的不同作用，研究结论是：不同的社会压力、劳动力状况、政府参与以及专业组织共同导致了管理制度在不同社会中的不同扩散方式。科尔（Cole, 1999）研究了全面质量管理在美国企业中的扩散情况。他通过研究发现，全面质量管理这一制度并没有在美国得到很好的扩散，这主要是因为企业对它的认知不够。

已学习。

根据你提供的第三部分内容，我可以进一步观察到该作者的写作风格。

1. 引用和参考实证研究。作者在文章中引用了多个实证研究，涉及不同国家和不同领域的制度扩散。这种引用显示了作者对于现有研究的关注和对实证数据的依赖，以支持自己的观点和论证。

2. 细致的制度扩散机制分析。作者对制度扩散机制进行了细致的分析，包括强迫性机制、规范性机制和模仿机制等。这种分析展示了作者对制度扩散过程中不同因素的认识和对多个机制相互作用的思考。

3. 多领域的实证研究案例。作者涉及了多个领域的实证研究案例，如公务员制度、企业管理、卫生保健组织等。这种多领域的案例展示了作者对于制度扩散的广泛关注和对不同领域的研究进行综合分析的能力。

4. 注重认知和文化因素。作者强调了认知和文化因素在制度扩散中的重要性。通过引用相关研究，作者指出认知导致了制度的扩散，并且不同的社会压力、政府参与和专业组织等因素影响着制度扩散的方式。

这些是对第三部分内容的初步观察和分析。如果你有更多的文章内容或者对该作者的写作风格有更具体的描述，我将能够给出更精确的建议和指导。

以下是第四部分的内容，请收到后回复"已学习"。

（四）制度变革

新制度主义者在制度变革研究方面争议颇多。例如，既然制度本身具有稳定的意义，则研究制度变革有何意义？又如，新制度的产生就是制度的变革。斯科特（Scott，2001）指出，制度变革可被定义为是制度在主体扩散过程中的新要素的形成过程，即制度变革与制度建构有差异。最近制度学家开始关注制度变革过程，表1给出了关于制度变革的主要实证研究概述。关于制度瓦解（Deinstitutionalization）的实证研究非常少。格尔兹（Geertz，1971）研究了两个伊斯兰教社会中的制度瓦解过程后发现，造成该制度瓦解的原因是社会的共享信仰系统的渐渐消失。Tolbert 和 Sine（1999）检验了 1965 年至 1995 年间美国高校的教授任期制度。他们发现，在这段时期中任期制度虽然没有被完全废除，但是几乎没有高校使用，这主要是规范性系统在起作用。Greve（1995）研究了一家广播电台放弃了广播频道的决策制度过程。他认为，电台试图改变其在听众心目中的认知形象是原因之一，而同行业的其他电台的行为也是造成这一决策的原因。部分学者将研究重点放在制度改变上。Barley（1986）研究了美国马萨诸塞州两家公立医院的放射科在一年内的结构变迁——CT 扫描仪这一新的诊疗技术的出现导致了放射科的结构发生了巨大的变化。Barley 发现，新的制度和组织结构的诞生是由于新技术以及新的诊疗方法和惯例的出现。Greenwood 和 Hinings（1993）检验了 1969 年至 1982 年间英格兰和威尔士的 24 个政府组织的结构变化：该阶段的政府组织结构十分相似，主要由于它们均希望通过相似的结构模式表现核心的价值观和信仰，从而获得合法性。斯科特等人（Scott，et al.，2000）研究了旧金山海湾地区的卫生保健服务组织的制度变更，从而发现制度逻辑和管理系统的改变对卫生保健服务组织的数量变化产生了重要影响。许多制度学家对制度变革的原因非常有兴趣，通常认为造成制度变革的原因有外在的和内在的两大类。关于制度变革外在原因的实证研究主要有：新技术的产生（Tushman 和 Anderson，1986；Barley，1986）；

管理创新，如全面质量管理（Cole，1999）；政治领域的变革，如产业规则的出现（Fligstein，1990）、雇佣规则的变革（Dobbin 和 Sutton，1998；Edelman，Uggen 和 Erlanger，1999；Barton，Dobbin 和 Jennings，1986）或者身份证制度引入企业内部（Selznick，1969）；政治动荡，如战争和革命（Carroll，Delacroix 和 Goodstein，1988）；社会改革力量，如民权运动（McAdam，1982）或者妇女解放运动（Clemens，1993）；经济危机或动乱（Stark，1996）；文化信仰与实践的变化，如自然环境观念的改变（Frank，et al.，1999）。关于制度变革的内在原因的实证研究主要有：社会层面的制度冲突，如血缘与规范性系统的冲突（Friendland 和 Alford，1991）或者法律、医学和家庭系统的冲突（Heimer，1999）；组织内部的制度冲突，如规范与文化的差异（Haveman 和 Rao，1997）；制度要素的冲突，如制度的主导者、中介者与实施者之间的冲突（Leblebici，et al.，1991），或者创新的实施者和接受者的冲突（Hirsch，1986）。还有些学者重点关注制度的解构与重构过程。Davis、Diekmann 和 Tinsley（1994）研究了 20 世纪 80 年代美国投资密集型企业数量的减少和衰败。Thornton（1995）研究了在图书出版业中传统的以编辑为中心转为以营销为中心的过程。Holm（1995）分析了瑞典渔业授权销售组织的数量减少和衰退。霍夫曼（Hoffman，1997）研究了从 1960 年至 1990 年美国环境运动的兴起对于化工和石油企业的组织结构和制度的影响。

已学习。

根据你提供的第四部分内容，我进一步观察到以下几点关于制度变革的讨论。

1. 制度变革的定义和意义。作者提到了对于制度变革定义和意义的争议。一方面，制度本身具有稳定性，因此一些人认为研究制度变革并不具有实际意义；另一方面，新制度的产生本身就是一种制度变革。作者指出，制度变革是指在制度扩散过程中新要素的形成，与制度建构有所不同。

2. 实证研究案例概述。作者给出了关于制度变革的主要实证研究案例概述。这些案例涵盖了不同领域和国家，包括放射科结构变迁、政府组织结构变化、卫生保健服务组织的制度变更等。这些实证研究案例提供了对制度变革过程的具体观察和分析。

3. 制度变革的原因。作者提到制度变革的原因可以分为外在原因和内在原因两类。外在原因包括新技术的产生、管理创新、政治领域的变革、社会改革力量、经济危机或动乱等。内在原因则涉及社会层面的制度冲突、组织内部的制度冲突以及制度要素的冲突等。

4. 解构与重构过程。一些学者关注制度的解构与重构过程。他们研究了投资密集型企业数量的减少和衰败，图书出版业中从以编辑为中心转向以营销为中心的变化，渔业授权销售组织的数量减少和衰退以及环境运动对化工和石油企业组织结构和制度的影响等。

这些是对第四部分内容的初步观察和分析。如果你有更多的文章内容或者对该作者的写作风格有更具体的描述，我将能够给出更精确的建议和指导。

目前四部分内容已经全部发给你了，请对文章进行整体写作风格分析，同时列出文章高频使用的 20 个学术概念。

综合这四部分内容的写作风格分析，可以看出它们属于学术性的文献综述。文章采用较为正式的语言和结构，以传达学术研究的相关理论、实证研究和观点。通过引用其他学者的研究来支持作者的论点，并提供了一些具体案例来说明相关概念和理论。整体来说，文章的写作风格比较客观，具备系统性和理论性，着重于传达学术观点和知识。

根据这些内容，以下是其中高频使用的20个学术概念（按频率排序）。

1. 制度（Institution）；

2. 变革（Change）；

3. 扩散（Diffusion）；

4. 管理（Management）；

5. 规范性系统（Normative systems）；

6. 文化认知系统（Cognitive-cultural systems）；

7. 实证研究（Empirical research）；

8. 外在原因（External reasons/factors）；

9. 内在原因（Internal reasons/factors）；

10. 技术（Technology）；

11. 组织（Organization）；

12. 稳定性（Stability）；

13. 实施者（Implementers）；

14. 变革过程（Process of change）；

15. 社会压力（Social pressure）；

16. 冲突（Conflict）；

17. 制度化（Institutionalization）；

18. 规范（Norms）；

19. 新制度主义（New institutionalism）；

20. 认知（Cognition）。

这些概念在文章中频繁出现，反映了作者对制度、变革、扩散以及与其相关的管理、规范性和文化认知等方面的关注和研究。它们构成了这些文献综述的核心概念，并在整体内容中得到详细阐述和讨论。

请模仿上述风格，以及使用上述 20 个学术概念，分析房地产行业的制度变迁。

在房地产行业中，制度变迁是一个重要的研究领域。通过应用新制度主义的框架，可以分析房地产行业中的制度变迁过程及其影响因素。

首先，房地产行业的制度由一系列相互关联的规范性系统和文化认知系统构成。这些制度规定了房地产交易、土地使用、开发和建筑规范等方面的行为准则。随着时间的推移，这些制度可能发生变化。引发制度变迁的原因，既可以是外部的，也可以是内部的。

在房地产行业，引起制度发生变化的外部原因包括技术进步、政治领域的变革和经济危机等。例如，新的建筑技术和材料的出现可能促使房地产行业采用更高效、环保的建筑方式，从而引发规范性系统的变革。国家政策和法规的调整也可以导致制度的变迁。例如，改变土地使用规划、推动房地产市场的开放与竞争，或者推行房地产交易的透明度和合规性。

内部原因主要涉及房地产行业内部的冲突、组织行为和管理创新等。房地产开发商、中介机构和政府监管机构之间的冲突可能促使制度发生变革，以解决利益冲突和提升行业规范。此外，组织内部的制度冲突，如规范与文化的差异，也可能促使制度发生调整和变迁。管理创新的引入，如全面质量管理等，也会对房地产行业的制度产生影响。

制度变迁的过程涉及制度要素的重构和解构。重构是指新要素的形成，例如，新的法规、规范和行为准则的建立。解构是指旧有制度的瓦解或衰退，可以是由于新技术的出现、社会价值观的变化或组织结构的调整等。房地产行业中的制度变迁可能包括建立新的土地规划制度、改变房地产开发的环境评估要求、引入更透明的交易机制等。

实证研究在房地产行业的制度变迁中起着重要作用。例如，研究可以关注特定国家或地区房地产市场的变革过程，探讨新技术、政策或市场竞争对制度的影响。通过对不同案例的比较和分析，可以揭示制度变迁的原因、机制和影响。

总之，房地产行业的制度变迁是一个复杂的过程，受到外部和内部因素的影响。通过研究制度的重构和解构，以及对实证研究的探索，可以更好地理解和解释房地产行业中的制度变迁现象。这对于制定政策、规划和管理房地产市场具有重要的指导意义。

我们做一个对比，新开一个对话，问同样的问题，可以发现两个版本的答案还是有较大区别的，经过拆解后再创作的版本，输出的内容质量更符合学术表述逻辑，而直接发问的版本，更像对理论要点在经验层面的直接套用。

 请从新制度主义的角度对房地产企业的制度变迁进行学术分析。

 从新制度主义的角度对房地产企业的制度变迁进行学术分析，可以考虑以下几个方面。

1. 制度环境变迁。新制度主义关注制度环境对经济行为的影响。在房地产行业，制度环境的变迁可能包括法律法规的改变、国家政策的调整以及市场机制的演变等。例如，政府可能通过调整土地使用权政策、房地产开发审批程序等来影响房地产企业的经营行为。

2. 制度规则的变迁。新制度主义认为，制度规则对经济行为起着重要的引导作用。在房地产企业中，制度规则的变迁可能涉及土地所有权、产权保护、市场准入等方面的改变。例如，政府可能通过修订法律法规来保护购房者的权益，规范房地产企业的销售行为。

3. 制度演化路径。新制度主义强调制度的演化过程。房地产企业的制度变迁可能经历不同的演化路径，包括制度的起源、发展和转变等。例如，过去一些国家可能存在政府主导的住房分配制度，而后转变为市场导向的房地产开发模式。

4. 制度变迁的影响。新制度主义关注制度变迁对经济绩效和社会福利的影响。在房地产企业中，制度变迁可能对市场竞争、企业行为和消费者权益等方面产生影响。例如，市场机制的引入可能促进竞争、改善消费者选择权，而政府干预的加强可能影响企业的发展策略和投资决策。

需要注意的是，以上只是一些可能的分析角度，应根据实际情况和研究问题进行深入探讨。同时，新制度主义的理论框架还可以与其他理论和方法相结合，以更全面地分析房地产企业的制度变迁。

模型总结

弹性指示模型在学术研究中具有许多优势，特别适合那些需要开放性和方向性知识生产的场景。与传统的指令式提示相比，弹性指示模型提供的提示更加灵活，不过分设定明确、量化、结构化的输出要求。这使得研究人员可以更自由地探索和发展自己的研究方向，同时借助 ChatGPT 大模型的智能理解能力，获得相应的输出。

弹性指示模型的开放性是其重要的特征。它可以通过广泛的问题和提示，引导模型生成多样化的回答和解决方案。这种开放性鼓励研究人员思考和提出新的问题，挖掘未知的领域，推动学术研究的创新。

此外，弹性指示模型还具有一定的方向性。尽管不会给出具体的答案或结构化的输出提示，但弹性指示模型在生成回答时会受到输入提示的引导，使其输出与输入问题或提示相关。这种方向性可以帮助研究人员更好地探索特定的主题，并从模型的回答中获得有用的见解。

对于学术研究而言，弹性指示模型的使用需要研究人员具备一定的领域知识和判断力。他们需要理解模型的输出并对其加以评估，以确保生成的内容符合学术标准和研究目的。此外，弹性指示模型也可以作为一个辅助工具，帮助研究人员快速获得相关的信息和观点，从而更好地辅助他们的研究。

第二节　明确指示模型

模型内容

明确指示模型是一种能够对输出文本具有高度控制的模型。这种控制是通过向模型提供一组特定的输入来实现的，如模板、特定词汇表或一组限定条件。这些输入是为了引导和规范生成过程，以确保生成的文本符合预期的要求。

通过明确的指示，研究人员或用户可以指导模型生成特定的主题、风格或语境下的文本。例如，他们可以提供一个预定义的模板，其中包含了特定的句子结构和内容要求，以引导模型生成符合模板要求的文本。另外，特定词汇表的使用也可以限制模型在生成过程中选择词汇的范围，从而达到精确的控制。

此外，一组限定条件可以用于进一步约束模型生成的文本。这些约束可以是语法规则、逻辑规则或其他规范要求。

明确指示模型的使用使得研究人员或用户能够根据具体需求对输出文本进行精确的控制。这对于一些特定领域的研究、创作或任务至关重要，因为它可以确保生成的文本符合特定的标准和要求。

模型公式

> 根据以下模版生成内容：【模版】。
>
> 使用下列词汇表完成下列句子：【词汇表】：【主题】。
>
> 生成遵循以下语法规则的文本：【规则】：【主题】。

公式分析：明确指示模型需要给定一整套明确的规则，一般情况下可使用结构化或者要素化表述，以让 GPT 明确理解输出原则。

适用的学术场景

在学术研究中，凡是具有明确的结构化输出的场景中都可以使用明确指示模型。例如，研究生导师布置工作任务和发布各种通知，形成标准化关于学术汇报的模板，根据给定结构规则进行辅助学术写作等。

模型举例

例 1：导师通知研究生举行读书会。

请根据以下模版撰写一个研究生读书会的通知【时间、地点、内容、参加者、阅读内容、注意事项】。

通　　知

各位研究生：

根据学院研究生部的安排，我们将举行一次研究生读书会。现将具体事项通知如下。

时间：2023 年 5 月 1 日（星期一）晚上 19:00 至 21:00。

地点：A 教学楼 214 教室。

内容：以"创新创业与人才培养"为主题，共同阅读讨论《创新型人才培养模式探索——以某高校为例》一文，并进行交流探讨。

参加者：学术导师、博士和硕士研究生，共 20 人左右。

阅读内容：《创新型人才培养模式探索——以某高校为例》一文，详细介绍了某高校创新创业教育的理念和实践经验，并对于如何培养创新型人才提出了独特见解。

注意事项：

1. 请大家提前认真阅读本次读书会所需的阅读材料，并准备好自己的思考意见和问题。

2. 参加者需按时到达教室，准备好笔记本电脑或其他必要工具，以便于交流和讨论。

3. 请注意文明参与，积极发言，遵守学术规范和道德准则。

4. 本次读书会是一个富有启示性的学习和交流平台，请大家在认真听取他人发言的同时也能够充分表达自己的观点和看法。

祝大家读书会顺利！

例2：撰写读书笔记。

请根据以下模版撰写一篇针对《新教伦理与资本主义精神》的不少于2000字的书评：【写作背景、主要问题、研究方法、重要概念、主要观点、学界评价】。

写作背景：

《新教伦理与资本主义精神》是德国社会学家韦伯的代表作。该书出版于1904年，堪称现代社会学领域里程碑式的著作。在这部著作中，韦伯阐述了新教伦理和工作伦理对资本主义历史形态的决定性影响，成为经济学、社会学等多个研究领域的重要文献。

主要问题：

韦伯提出的核心问题是为何资本主义在欧洲得以兴起和发展？

韦伯认为，这是因为新教改革中的宗教信仰及其价值观念迥然不同于天主教，具有严谨的职业道德准则、个人责任感和公共精神，从而鼓励个人积极创造财富。借助新教伦理，欧洲社会通过拉动创业精神和技术创新等途径实现了市场自由化，最终形成了现代资本主义经济体系。

研究方法：

此书使用了文化史和哲学文献的分析方法，深入研究了新教伦理对经济行为和工作道德的影响，从而揭示了资本主义精神概念的实质内涵。

韦伯认为，工作伦理是一种不断演化的规范标准体系，这种道德精神来自人们对天命和人生价值的探寻和追求。同时，韦伯参考了德国历史发展中的宗教、文化和社会背景等多个因素，综合分析了资本主义发展过程中的重要节点和驱动力。

重要概念：

在书中，韦伯提出了很多重要概念，如"工作伦理""可知预定论""理性化""形式化""官僚机构"等。其中，核心概念是"工作伦理"。韦伯把工作伦理定义为一种界定了职业道德准则和职业责任的行为规范系统，这种规范是以无私奉献和职业承诺为基础的。

主要观点：

书中主要论述了新教信仰和职业道德如何影响资本主义发展的路径。韦伯认为，新教徒的个人价值观和工作量的增加直接相关，工作成为经济行为的重要基础。此外，新教教义中所信仰的可知预定论引导着个人去追求通向天堂的良善行为，从而鼓励个人更加刻苦劳动，以期赚取生计。在经济行为中，对于私人收益的追求和利润收益的扩展也是推动资本主义精神发挥催化作用的重要因素。

学界评价：

《新教伦理与资本主义精神》被誉为现代社会学领域的经典之作，其思想观点深刻、研究方法精细，为社会科学研究提供了重要的参考价值。

韦伯的观点和研究方法得到了广泛的认可和赞誉。他的思考深入独到，对资本主义和现代性发展的历程进行了全面而系统的解释和分析，成果丰硕。此外，他还结合德国历史、文化和社会影响因素等更加全面地探讨了这些问题的含义，并深刻揭示了资本主义精神的核心内涵。

虽然韦伯的理论观点一度引起了争议和批评，但其影响力不可忽视，贡献卓越。《新教伦理与资本主义精神》是当今学术界的必读之作，也为关注宗教、伦理、经济等领域的研究者提供了启迪和引导。同时，该书不仅为社会科学研究提供了新的思路和角度，也在历史、哲学以及文化等方面开辟了新的研究领域，成为社会科学和人文科学研究的重要经典文献。

总体来说，《新教伦理与资本主义精神》不仅是一部关于宗教和经济之间关系的重要研究著作，更是一部深入剖析现代资本主义特征的作品。值得指出的是，这部著作并非在当时即受到了足够的重视，而是在后来对整个现代社会学领域产生了深远的影响。如果想真正理解现代资本主义的历史和特性，那么《新教伦理与资本主义精神》是不可或缺的读物。

例3：辅助学术写作。

生成遵循以下语法规则的文本：【分为三个段落，每一段落包含五句话，每一段落以问句开头】：【关于新闻传播的舆论控制】。

以下是遵循语法规则生成的文本。

关于新闻传播的舆论控制，会存在哪些问题？首先，媒体的多元化和信息的快速传播，给舆情监测和分析带来了挑战。其次，在发生一些重大事件时，不良的言论和谣言可能迅速扩散。这就需要有针对性的措施来及时修正错误，并减少负面效应。最后，还有一些利益相关方会通过各种方式干扰舆论自由，妨碍舆论的健康发展。

如何有效地进行舆论控制？首先，对于维护社会稳定和公共安全至关重要的信息，政府应该及时发布并加强宣传。其次，媒体可以踊跃参与舆论引导，通过只报道真实、客观的信息，为公众提供一个清晰、透明的信息环境。最后，各个行业及企业也应该掌握公共关系沟通技巧，保持积极向上的态度，接纳公众的监督与评价，营造良好的公众形象。

我们应该怎样看待舆论控制的发展趋势？随着科技的进步和信

息的爆炸式增长，未来的舆论控制将更加注重科学性、精准性和效率性。新媒体将担起越来越重要的角色，通过数据分析和算法应用等手段，对舆情进行智能化监测和引导，并及时反馈给各方面，为舆论控制提供更加有力的支持。同时，我们也需要注意避免过度控制，保护公众的表达自由和知情权利，使信息环境更加多元而健康发展。

 生成遵循以下语法规则的文本：【分为三个段落，每一段落包含五句话，每一段的第一句都以感叹句开始】：【关于新闻传播的舆论控制】。

第一段：

哇！新闻传播真是一个令人着迷的话题。它可以塑造人们的看法、影响政治决策，甚至改变整个社会的氛围。然而，我们不能忽视舆论控制在这个过程中所扮演的角色。舆论控制可以使人们接受某种立场，同时也可以排斥其他观点。这对于任何民主国家来说都是一个严峻的挑战。

第二段：

天啊！从古至今，各种形式的舆论控制手段不断涌现，如宣传、垃圾邮件、煽动性言辞和虚假信息等。这些手段都试图通过一定的方式来操纵民众的意识和思想。然而，在当今数字化时代，舆论控制更加难以捉摸。因为人们可以通过多种渠道获取信息，从而更好地辨别真伪。

第三段：

哎呀！尽管如此，舆论控制的重要性并没有减弱。尤其是在全球化的背景下，舆论控制可以被用于文化输出和价值观传递。因此，人们应该对舆论控制保持警惕，并探索如何利用它来推动社会的稳定和发展。只有在广泛参与和开放透明的基础上，我们才能摆脱舆论控制的阴影，实现真正的民主和自由。

生成遵循以下语法规则的文本：【分为三个段落，每一段落包含五句话，每一段的第一句都以一句七言律诗为开头】：【关于新闻传播的舆论控制】。

第一段：

"新闻传播令人慕，信息自由在其中。掌声响起真理言，舆论自由非虚妄。"

新闻传播是现代社会中不可或缺的组成部分，包括了新闻报道、评论、广告等多种形式。在信息自由的前提下，新闻传播可以推动社会进步、促进民主化和文明化的过程。然而，在这个过程中，舆论控制也是一个需要引起我们高度关注的问题。

第二段：

"虚假消息如烟雾，严重干扰大众判断力。恶意营销来如风，时刻威胁客户安危。"在数字化时代，虚假信息和恶意营销已经成为舆论自由所面临的严峻考验。这些信息可能来自各种渠道，通过各种途径向公众传递。而在这个过程中，许多人的判断力受到了极大的干扰，甚至面临危险和损失。

第三段：

"透明是信任之源，公开让真相显现。依法合规维护好，新闻生态更靓颜。"为了应对舆论控制的挑战，我们需要建立透明和公开的信息传播机制，保护新闻传播的真实性和客观性。同时，政府也应该加强对舆论控制的打击力度，依法合规地维护社会的稳定和秩序。只有在这样的基础上，新闻生态才能更加美好，人民才能获得更高质量的信息服务。

例4：写论文摘要。

生成遵循以下语法规则的文章摘要：【研究背景、研究问题、研究结论、研究方法、研究价值和研究意义】：【关于新闻传播的舆论控制】。

研究背景：

新闻传播作为传媒行业的核心，不仅能够影响社会公众的认知和态度，也存在着一定程度的舆论控制现象。这种控制形式可能导致客观报道被歪曲、可信信息被淹没，从而对公众产生误导和影响。

研究问题：

本文将围绕以下问题进行调查研究：一是舆论控制在新闻传播中的表现形式有哪些？二是舆论控制对于新闻传播的影响有哪些？三是如何推进新闻传播的规范化和公正性？

研究结论：

通过案例分析和理论比较的方法，本研究发现舆论控制在新闻传播中的主要表现形式为选择性报道、倾向性语言、信息操纵、故意误导等。此外，舆论控制还可能引发公众的情感共鸣或恐慌，以及社会群体事件的爆发等。针对以上问题，本文提出推进新闻传播规范化和公正性的措施，包括加强行业自律机制的建设，完善法律法规制度，提高公民的媒体素养等。

研究方法：

本文采用文献分析和案例调查相结合的方式进行探讨。其一，梳理相关文献资料，对舆论控制在新闻传播中的现实表现进行深入剖析；其二，选取具有代表性的舆论控制案例予以分析，在理论和实践层面共同探讨如何推进新闻传播规范化和公正性。

研究价值和研究意义：

本文的研究目的是探索新闻传播与舆论控制之间的关系，对于保障公众知情权和言论自由、促进社会公正与和谐具有重要的现实意义和深远的历史价值。此外，本研究还可以为新闻传播行业提供更加有效的管理和监督建议，为全社会营造开放、公正、透明的信息环境作出贡献。

模型总结

明确指示模型的一大优势是它能够帮助我们形成结构化的表述，特别适用于具有固定格式的写作内容。在学术研究和写作中，存在着一定的规范和套路，这些规范在形式上对研究者的内容进行了限定。当我们将这些规范作为明确的提示输入给 GPT 时，它能够理解并根据这些规范生成相应的内容。

明确指示模型在处理已经形成学术共识的学术知识方面非常有效。它可以为研究者提供与学术共同体的共识相符的输出，有助于保持学术的规范性和准确性。对于新手学者而言，明确指示模型也是训练学术规范的重要途径。利用明确指示模型，研究者能够大大提升自己的结构化输出能力和思考能力。

借助明确指示模型，研究者可以有效地利用已有的学术套路和规范来引导模型生成符合预期的文本。这有助于研究者的表述更具有逻辑性、一致性和清晰度，提升研究者的学术写作质量。此外，明确指示模型还能够提高研究者的思考能力，与模型的交互和输出对比，有助于他们深入思考和发展自己的观点和论证。

总之，明确指示模型在学术研究和写作中具有重要作用。它能够适应学术套路和规范，形成结构化表述，并帮助研究者形成符合学术共识的内容。同时，善于使用明确指示模型也能够提升研究者的结构化输出能力和思考能力，为他们的学术工作带来积极影响。

第三节　知识扩展模型

模型内容

知识扩展模型是一种技术，可以让模型生成针对特定问题或任务的文本回答。这种模型通过将问题或任务作为输入，并提供可能与问题或任务相关的额外信息来实现。相较于之前提到的知识生产和知识整合模型，知识扩展模型具有相对确定性的指向，即在给定一个特定的知识概念后，需要围绕该概念进行解释和回答。

知识扩展模型的工作方式是解析输入的问题或任务，然后根据相关的信息和背景知识，生成一个有针对性的回答。这种模型能够利用已有的知识和数据，以一种更直接和特定的方式回应用户的问题或完成特定的任务。

与知识生产和知识整合模型相比，知识扩展模型更加关注特定问题或任务的回答，更注重提供准确、明确的信息，以满足用户的需求。在这种模型中，提供的问题或任务是确定性的指引，指导模型产生与之相关的信息。

知识扩展模型的应用范围广泛，可以用于各领域的问答。通过提供明确的问题或任务提示，该模型能够帮助用户获取特定的知识或完成特定的任务，提供准确、有针对性的回答和指导。

模型公式

回答以下事实问题:【问题内容】。

定义以下单词 / 概念:【单词】。

从以下来源检索有关【特定主题】的信息:【来源信息】。

公式分析：该公式适合于对已知概念进行精细化深挖，以方便研究者进一步了解相关知识和信息。

适用的学术场景

在学术研究中，遇到任何需要进一步澄清的概念内涵或者理论内涵，以及需要辨明是非界定的事实时，都需要用到该公式。

模型实际操作举例

例 1: 回答事实问题（界定事实与虚假）。

回答以下事实问题:【嫦娥是怎么死的】。

很抱歉，嫦娥并不是真实存在的生物体，而是中国古代神话中的人物。因此，并不存在嫦娥"死亡"的概念和情节。如果您有其他问题需要回答，请随时提出。

由例 1 可以看出，ChatGPT 能够区分什么是事实，什么是虚假。

回答以下事实问题:【李白和杜甫的交往】。

李白和杜甫是唐代著名的诗人，两人有过一段交往。据史书记载，他们第一次见面是在贞元五年，当时杜甫刚刚考中进士，李白也在长安居住。后来两人开始交往，并成为好友，还写下了一些描写对方的诗歌作品。杜甫曾称李白为"天上谪仙"，而李白说杜甫是"一代文章豪"。尽管两人性格迥异，但都深刻体察到社会的黑暗面，以及人民的苦难和疾苦，因而在文学上具有相通之处。虽然他们的交往没有持续很长时间，但其文学成就为后人所铭记。

例2：针对词语进行概念辨析。

当研究者遇到一个自己感兴趣但是又不熟悉的概念时，可以通过该模型进行界定。

定义以下概念：内卷。

"内卷"是一个用来形容社会现象的词语，源于社交网络上的一种流行说法，主要指在某个领域、群体或社会背景下，集体动态压力过大而导致的一种竞争恶化和形式僵化、效率低下的状态。这种状态主要表现为大量的竞争者不断拉高"门槛"，让参与者感到焦虑并失去平衡，即"内卷化"。在当代教育、就业市场以及社交媒体等领域，都有可能出现明显的"内卷"现象。"内卷化"的严重程度，不仅反映了整个社会的压力和不公平，也使得人们对于未来产生了一些消极的预期和失望感。

当我们不满足于输出的内容质量时，可以迭代提问。

定义以下学术概念：内卷。

　　"内卷"是社会学和心理学中的一个概念，主要用于描述某些社会系统中不断加剧的竞争、紧张氛围和焦虑情绪的现象。这种现象可能存在于不同的领域，如教育、职场、娱乐等，并通常伴随着一些负面结果，如焦躁不安、身体疾病、人际关系紧张、生活品质下降等。

　　在学术界，"内卷化"被广泛视为现代社会在高度竞争和追求成功时所带来的一种负面反应。在"内卷化"的环境中，个人被迫加入竞争，而在过度竞争中个人往往将自己置于一种紧张、焦虑和自我批评的状态，缺乏平衡的生活方式，经常超时工作甚至牺牲健康和家庭关系，导致了大量的负面影响。因此，应该注意到"内卷"现象并尝试采取措施来减轻其负面影响。

例3：针对一段内容从某个角度进行提炼。

　　从以下内容检索有关【青年人】的信息。

　　概言之，鲍德里亚认为，符号价值消费是交流社会意义、展示社会区别、明示社会等级的消费行为。与传统旨在占有和享用物品使用价值的消费行为不同，在符号价值消费中，"人们从来不消费物的本身（使用价值）——人们总是把物（从广义的角度）用来当作能够突出你的符号，或让你加入视为理想的团体，或参考一个地位更高的团体来摆脱本团体"。更明确地说，符号价值消费离不开物品，但物品的使用价值已经不是消费的目的，而是通过物品表现的符号价值彰显自己的身份和地位。

　　在实际的消费行为中，鲍德里亚所谓的符号价值消费，已经不为人们所陌生。不仅青年一代"不避风寒""衣不遮体"的"破洞牛仔衣裤"等穿着已经随处可见，很多中老年人的休闲服装也是花样多端甚至新奇古怪。在旅游观光、休闲娱乐和餐饮聚会等日常生活空间，很难再见到颜色与款式相同的服装打扮了，就连背包、提兜、鞋帽等也很难发现相同的样式了。几十年以前，在追求标准化和一致性的生活潮流中，这些行为被看作"资产阶级生活习气"的奇装异服，只有少数勇敢的青年才敢穿戴。而时至今日，与别人相同的"撞衫"，已成为人们刻意避免的不体面的事情了。这些已经成为中国社会生活中的普遍现象，正是鲍德里亚所论述的"彰显个性、表现区别"的符号价值消费。

面对现实生活如此明显而广泛的变化，中国学术界对符号价值消费概念也逐渐接受了。确如鲍德里亚所论，符号价值消费是以丰盛社会的到来为前提的："在我们的周围，存在着一种由不断增长的物、服务和物质财富所构成的惊人的消费和丰盛现象。它构成了人类自然环境中的一种根本变化。"这种在中国社会特别是城市社会广泛发生的变化，是人类社会有史以来最重要的变化，即从物质生活的匮乏时代向丰盛时代的转变。在实现这种转变之前的几千年历史中，匮乏是人类面临的基本问题，也是物品的使用价值是人类首要甚至紧迫追求的根本原因，因为只有获得了一定量的物品使用价值，才能在匮乏状态下维持生存。

进入丰盛时代之后，堆积待销的物质商品和等待青睐的各种服务，不仅化解了物品匮乏的威胁，甚至这些滞销的物品和服务也变成了生产者、经营者乃至整个市场或经济体系的"威胁"。这实在是一个重大逆转，很多学者从不同角度论述了这一逆转带来的深刻变化。马尔库塞认为，匮乏状态的结束和丰盛时代的到来，为摆脱压抑文明，解放爱欲本能，塑造新感受力，并为培育一代新人进而实现总体的社会革命准备了前提。这被称为一种乌托邦的幻想，现在已经有了实现的可能。

暂且不去讨论理想社会的生成，仅从直接遭遇物品丰盛挑战的物质生产和商品营销两大领域来看，企业主或商人们就必须千方百计地为产品生产和商品销售寻找新的出路与生机。在物质生活匮乏状态下，物质生产是人类历史的第一个前提，只要工厂能够生产出具有使用价值的物质产品，市场就能把它移入商品流通领域并推销出去。而当物质生产能力大于人们对物品使用价值的需求时，商品进入滞销状态，工业和商业都遭遇了如何突破困境、另寻生路的挑战。物质生产与销售不能停止，但必须使物品或商品在消费者面前展现出与使用价值不同的诱惑。为了摆脱商品积压困境，在探寻新商机、新出路的过程中，聪明的厂商和营销商发现了另一种植根于人类本性的广泛而稳定的社会需求——对符号价值的追求。追求符号价值，不是植根于人类对物质利益的需求，而是植根于人类在社会交往或社会关系中凸显自己、区别他人的社会本性。这种人类的社会本性也是个体的本性，因为个体一定要进入社会关系中，而在错综复杂的社会关系中，个体如不凸显自己就会被淹没。个体不仅要通过能力和业绩证明自己的存在，还要通过显示自己的特点、特色而区别于他人。

以上文本中提到，符号价值消费已经成为中国社会特别是城市青年普遍的消费行为。青年人在符号价值消费方面表现得尤其明显，经常通过穿着、饰品等来凸显自己的个性和身份。例如，青年人穿着"破洞牛仔裤"等看似过时或褪色的服装，或者选择花式多样的休闲服装，在旅游观光、休闲娱乐和餐饮聚会等场合表现出个性与区别。

同时，青年人对于符号价值消费概念的接受度也较高。他们注重通过消费来表现自己的身份、地位和社会关系，并认为这是一种彰显自我和打造个性的方式。符号价值消费已经渐渐被视为一种时髦和文化元素，让人们更加自由地表达自己的倾向和偏好。

此外，青年人是一个新生代的代表，他们成长在不同的经济环境中，思想观念和价值判断与前辈们有所不同。他们更加注重自我实现和展示，尤其是在消费领域。符号价值消费为他们提供了一种具有时尚潮流和文化含义的表达方式，让他们能够更加充分地彰显个人权利和自我意识，同时也促进了商业市场的创新与发展。

模型总结

知识扩展模型通过给出准确的问题或概念来引导 ChatGPT 生成期望的内容。这种模型具有高度确定性，因为它要求提问者提供一个封闭性的概念或前提，从而限定了回答的边界和方向。这样的指导使得模型能够在给定的范围内生成内容，而不是进行开放式的创造性输出。

通过限定问题或概念，知识扩展模型能够更有效地理解和解答特定领域或主题的问题。例如，在科学研究中，提问者可以给出一个特定的科学概念，并询问与之相关的信息。模型将专注于给出关于该概念的准确解释，而不会涉及其他无关的信息。

同时，知识扩展模型也能够在教育和学习领域发挥重要作用。学生可以提出具体的问题或概念，以获得与所学课程或主题相关的详细答案。模型将根据问题的限定范围提供有针对性的回答，帮助学生更好地理解和掌握知识。

需要注意的是，尽管知识扩展模型具有高度确定性，但仍需要对输入问题或概念进行准确的表达和界定。提问者需要清晰地表达问题的范围和预期的回答，以确保模型能够提供符合预期的内容。

第四节　摘要提炼模型

模型内容

　　摘要提炼模型是一种能够生成给定文本较短版本的模型，同时保留主要思想和信息的特点。该模型实现的方式是通过输入较长的文本，要求生成该文本的摘要。这种模型在文本摘要和信息压缩等任务中非常有用。

　　摘要提炼模型的作用是将大量的文本内容压缩成简洁、精炼的摘要，保留关键信息和主要观点。它能够从给定文本中捕捉到最重要的信息，并生成一段较短但准确的摘要。这种模型可以帮助用户更快速地获取信息，并在有限的空间内传达重要的观点。

　　摘要提炼模型在各个领域有广泛的应用。在新闻报道中，它可以将长篇新闻报道压缩成简洁的新闻摘要，让读者快速了解新闻的核心内容。在学术领域，摘要提示模型可以将长篇论文或研究报告提炼为简明扼要的摘要，便于其他学者了解研究成果。

模型公式

　　用一小段话概括以下内容：【书名】。

　　用一小段话概括以下内容：【学术论文】。

　　用一小段话概括以下内容：【新闻报道】。

　　用一小段话概括以下内容：【访谈资料】。

　　公式分析：读者不必拘泥于公式的具体表达，从形式上看，我们可以输入任何一段长文本，让它进行摘要提取工作。

适用的学术场景

在学术研究中，经常需要针对一段长文本进行摘要式提炼和阅读，以提高学术效率，节省阅读时间。摘要提示模型所发挥的作用就像期刊论文的摘要一样，读者需要先读摘要了解全文梗概，再决定是否继续阅读全文。我们读到任何长文本，并且对长文本难以把握大意的时候，都可以使用该模型。

模型实际操作举例

例1：根据给定内容撰写论文摘要。

请针对以下内容撰写摘要，要求维持原意，300字左右。

概言之，鲍德里亚认为，符号价值消费是交流社会意义、展示社会区别、明示社会等级的消费行为。与传统旨在占有和享用物品使用价值的消费行为不同，在符号价值消费中，"人们从来不消费物的本身（使用价值）——人们总是把物（从广义的角度）用来当作能够突出你的符号，或让你加入视为理想的团体，或参考一个地位更高的团体来摆脱本团体"。更明确地说，符号价值消费离不开物品，但物品的使用价值已经不是消费的目的，而是通过物品表现的符号价值彰显自己的身份和地位。

在实际的消费行为中，鲍德里亚所谓的符号价值消费，已经不为人们所陌生。不仅青年一代"不避风寒""衣不遮体"的"破洞牛仔衣裤"等穿着已经随处可见，很多中老年人的休闲服装也是花样多端甚至新奇古怪。在旅游观光、休闲娱乐和餐饮聚会等日常生活空间，很难再见到颜色与款式相同的服装打扮了，就连背包、提兜、鞋帽等也很难发现相同的样式了。几十年以前，在追求标准化和一致性的生活潮流中，这些行为被看作"资产阶级生活习气"的奇装异服，只有少数勇敢的青年才敢穿戴。而时至今日，与别人相同的"撞衫"，已成为人们刻意避免的不体面的事情了。这些已经成为中国社会生活中的普遍现象，正是鲍德里亚所论述的"彰显个性、表现区别"的符号价值消费。

面对现实生活如此明显而广泛的变化，中国学术界对符号价值消费概念也逐渐接受了。确如鲍德里亚所论，符号价值消费是以丰盛社会的到来为前提的："在我们的周围，存在着一种由不断增长的物、服务和物质财富所构成的惊人的消费和丰盛现象。它构成了人类自然环境中的一种根本变化。"这种在中国社会特别是城市社会广泛发生的变化，是人类社会有史以来最重要的变化，即从物质生活的匮乏时代向丰盛时代的转变。在实现这种转变之前的几千年历史中，匮乏是人类面临的基本问题，也是物品的使用价值是人类首要甚至紧迫追求的根本原因，因为只有获得了一定量的物品使用价值，才能在匮乏状态下维持生存。

进入丰盛时代之后，堆积待销的物质商品和等待青睐的各种服务，不仅化解了物品匮乏的威胁，甚至这些滞销的物品和服务也变成了生产者、经营者乃至整个市场或经济体系的"威胁"。这实在是一个重大逆转，很多学者从不同角度论述了这一逆转带来的深刻变化。马尔库塞认为，匮乏状态的结束和丰盛时代的到来，为摆脱压抑文明，解放爱欲本能，塑造新感受力，并为培育一代新人进而实现总体的社会革命准备了前提。这被称为一种乌托邦的幻想，现在已经有了实现的可能。

暂且不去讨论理想社会的生成，仅从直接遭遇物品丰盛挑战的物质生产和商品营销两大领域来看，企业主或商人们就必须千方百计地为产品生产和商品销售寻找新的出路与生机。在物质生活匮乏状态，物质生产是人类历史的第一个前提，只要工厂能够生产出具有使用价值的物质产品，市场就能把它移入商品流通领域并推销出去。而当物质生产能力大于人们对物品使用价值的需求时，商品进入滞销状态，工业和商业都遭遇了如何突破困境、另寻生路的挑战。物质生产与销售不能停止，但必须使物品或商品在消费者面前展现出与使用价值不同的诱惑。为了摆脱商品积压困境，在探寻新商机、新出路的过程中，聪明的厂商和营销商发现了另一种植根于人类本性的广泛而稳定的社会需求——对符号价值的追求。追求符号价值，不是植根于人类对物质利益的需求，而是植根于人类在社会交往或社会关系中凸显自己、区别他人的社会本性。这种人类的社会本性也是个体的本性，因为个体一定要进入社会关系中，而在错综复杂的社会关系中，个体如不凸显自己就会被淹没。个体不仅要通过能力和业绩证明自己的存在，还要通过显示自己的特点、特色而区别于他人。

　　这篇文章主要围绕鲍德里亚所提出的符号价值消费概念展开讨论，认为符号价值消费是人类社会丰盛的一个重要表现形式。与传统的占有和享用物品使用价值的消费不同，符号价值消费强调通过消费物品来表现个性、身份和地位，并在此过程中交流社会意义、展示社会区别、明示社会等级。文中指出，符号价值消费已经在中国社会特别是城市青年中普遍存在，许多人选择穿着破洞牛仔裤等花式多样的休闲服装，在日常生活空间中彰显个性、表现区别。这种消费形式也被视为一种时髦和文化元素，让人们更加自由地表达自己的倾向和偏好。随着物质丰盛和消费方式的转变，企业和商家必须寻找新的出路和生机，他们发现了另一种植根于人类本性的广泛而稳定的社会需求——对符号价值的追求。符号价值消费不是植根于人类对物质利益的需求，而是植根于人类在社会交往或社会关系中凸显自己、区别他人的社会本性。这种消费形式也反映了人类社会从物质生活匮乏向丰衣足食的转变，以及随之而来的思想观念和价值判断的改变。

例2：对任意一本书进行书摘写作。

　　用一小段话概括以下内容：黑格尔的《小逻辑》。要求不少于300字。

　　《小逻辑》是德国哲学家黑格尔的一部著作，主要探讨了形式逻辑和辩证逻辑之间的联系与区别。书中首先介绍了形式逻辑的基本概念，如判断、命题和范畴等，通过对不同类型的判断和命题的分析，系统地阐述了形式逻辑的原理和方法。随后，黑格尔研究了思维中的矛盾性和自我否定，并认为辩证逻辑可以通过解决矛盾来推动思维向前发展。此外，黑格尔还探讨了符号和语言在逻辑中所起的作用，分析了表述自然法则和人类行为准则的方法。

　　《小逻辑》不仅说明了形式逻辑和辩证逻辑的相互补充和对立，而且对于深入了解黑格尔哲学体系及其影响下的后世逻辑思想具有重要意义。该书对问题的论述大多数是从一个范畴出发，并围绕着某个特定的观点进行阐述，虽然篇幅不长，但依托于黑格尔严密的逻辑思维和完备的哲学理论，该书理论力量巨大，深受欧美哲学界的关注。

　　当我们完成论文初稿，需要撰写摘要时，我们可以将整篇论文"投喂"给 ChatGPT，并请它辅助进行摘要提炼。由于此案例需要大量文字篇幅，此处不进行具体展示。感兴趣的读者可以自行操作。

模型总结

摘要提炼模型可被视为对所有文本进行非破坏性压缩的手段，协助研究者提炼出最为重要的主题和核心概念。当我们不愿忽视文本中的重要信息，同时又不愿花费大量时间从头到尾阅读整段文本时，该模型的作用将显得尤为重要。

该模型能够高效地概括和精炼原始文本，保留关键内容，同时尽量减少不必要的细节。通过对文本进行压缩和总结，研究者能够快速获得文本的精髓，并深入把握其主旨。这对于处理大量文献资料、新闻报道或学术论文等具有广泛适用性，节省了时间，提高了工作效率。

在研究领域，该功能可用于准确提炼和呈现复杂理论、观点或实证研究的主题和要点。研究者可以利用该模型快速理解和归纳大量文献，从而更好地掌握研究领域的前沿动态和学术发展趋势。

第五节 强化学习模型

模型内容

强化学习模型是一种允许模型从过去的行为中学习并随着时间的推移提高其分析能力的模型。这就好比小孩子的学习模式，当他们开始学数学的时候，一般先学习加减法，然后学习更难的乘除法。当我们不断训练机器从简单的任务向复杂的任务迈进时，就是在使用强化学习模型。笔者认为，强化学习模型是所有模型中最有魅力的模型，也是最能体现机器学习能力的模型。如果研究者善用强化学习模型，就能够获得超过一般人的更独特、更有深度的答案。在使用强化学习模型时，我们需要针对每一次输入给予反馈，反馈包括正向反馈、中性反馈或者负向反馈，以促使机器不断调整输出的内容质量，直到完成更为复杂的任务。

使用强化学习模型也意味着要把复杂任务拆解为简单任务，从简单任务开始逐步到完成复杂的任务。因此，该模型对于使用者来说具有较大的挑战，使用者要清晰了解和构思完成整个模型的步骤，并在事后积极复盘，以为后续的强化学习训练打下基础。

模型公式

由于强化学习模型需要进行多轮发问，此处只能展示基础模型，但读者需要了解的是，该模型具有较强的动态性，一定要经过多次发问和迭代。我们使用一个模拟案例进行展示。

问：请针对【现象】进行原因分析。

答：（略）。

问：非常好，不过是否还有其他你认为可能的原因？

答：（略）。

问：很好，但是我认为答案过于宽泛，是否还有更为细致和独特的原因？

答：（略）。

问：还不错，不过我认为第二个原因并不是一个恰当的原因。请问还有其他可能的原因吗？

答：（略）。

问：很好，请针对【现象】并依据上述回答进行综合原因分析。

答：（略）。

公式分析：由公式过程能够看出，使用者需要不断对 ChatGPT 输出的答案进行反馈。例如，使用很好、还不错、非常好、差点意思、这里不太好、某一点不太好等，这就是一种强化。它会对使用者的反馈进行理解，并试图调整输出的答案，以更符合使用者的期待。

适用的学术场景

当我们需要探究事物发生的复杂因果机理时，可以使用多次发问和迭代的方式获得高质量答案；当我们针对长文本尤其是访谈资料进行质性研究编码时，也需要从一小段文字开始训练，一直到机器能够分析出更长篇幅的文本内容；当我们需要训练机器进行某种学术风格的写作时，也需要从具体的一句话开始训练，一直到完成整篇文章的写作。

模型实际操作举例

例1：分析复杂现象的原因。

这里我们以探讨法国大革命的原因进行分析。

我是一位研究者，我对法国大革命爆发的原因很感兴趣。你需要扮演一位专业人士，并且假设你精通社会学、历史学、心理学、地理学、经济学、军事学、哲学等多个学科。希望通过我和你的不断探索，寻找法国大革命爆发的原因。现在请列出你认为法国大革命爆发的可能原因。

作为一位综合多学科的专业人士，我可以为您列出法国大革命爆发的可能原因。需要注意的是，法国大革命是一个复杂而多层次的历史事件，原因众多，涉及政治、社会、经济、文化等方面。以下是一些可能的原因，供您探索和研究。

　　1. 政治体制的腐败和不公。当时法国的政治体制存在着严重的腐败、不公和特权问题，贵族和教会享有特权地位，普通民众则遭受压迫。这导致了社会不平等的加剧和民众对政府的不满。

　　2. 经济危机和财政困境。18 世纪末法国遭受了严重的经济危机，财政困境日益加剧。国家财政紧张、债务累积、赋税重担以及粮食短缺等问题加剧了社会的紧张氛围。

　　3. 社会阶级和阶层冲突。当时法国社会存在着严重的阶级和阶层分化。贵族和教会占据了社会的顶层，农民、城市工人和中产阶级则面临着贫困、剥削和社会地位的不公。这导致了社会的不稳定和不满情绪的积聚。

　　4. 启蒙思想的传播和民主理念的兴起。18 世纪的启蒙运动为法国大革命的理念提供了思想基础。启蒙思想家如孟德斯鸠、伏尔泰和卢梭等人的作品强调人权、民主和平等的理念，激发了民众对自由和公正的渴望。

　　5. 政治和社会不满的积聚。上述原因导致了政治和社会不满的积聚，人们对政府的不满情绪逐渐升级。政府对社会问题的无能回应以及对民众诉求的忽视，加剧了社会紧张的氛围，推动了革命的爆发。

　　请注意，这里只是列举了一些可能的原因，法国大革命的原因是一个复杂且有争议的话题。深入研究和分析需要综合各学科的知识和历史文献，同时要考虑到具体的历史背景和社会情境。希望这些有助于您进一步探索法国大革命的原因。

还不错，请问是否还有其他可能的原因？

当然，除了之前提到的原因，还有其他一些可能导致法国大革命爆发的因素。

6.美国独立战争的激励。美国独立战争的成功为法国人民展示了革命的力量和推翻专制政权的可能性。美国革命中所倡导的自由、平等和民主理念对法国人民产生了深远的影响，并激发了他们追求变革和自由的渴望。

7.农业危机和饥荒。18世纪末期法国农业遭遇了一系列危机，包括农作物减产、土地荒漠化以及重税等问题。这导致了法国农民生活困难和不满情绪的积聚，为革命的爆发提供了社会基础。

8.政治改革的阻碍。法国国王路易十六在面对社会危机和改革呼声时，未能有效地推进政治改革。政府的反应迟缓、保守和缺乏实质性的改革助长了民众不满情绪的扩大，进一步推动了革命的爆发。

9.秘密结社和知识分子的活动。在法国大革命前夕，许多秘密结社和知识分子组织如自由派、雅各宾派等在法国崛起。他们通过宣传和政治活动推动了反对专制统治和追求政治改革的思潮，为革命的爆发提供了组织和动力。

10.军事负担和战争开支。法国政府为了维持庞大的军队和满足对外战争开支的需要，不得不向贫困的民众征收重税。这加剧了社会的不平等和民众的不满情绪，为革命的爆发提供了动力。

请记住，法国大革命的原因是一个复杂且多维的问题，因此，这些列举的原因仅提供了一些可能性。进一步研究和深入了解法国大革命时期的历史背景和社会动态将有助于揭示更多的原因和影响因素。

很好，我看到了一些很有见地的分析，比第一次的回答更为深入了。请问还有其他可能的原因吗？

当然，除了前面提到的原因，还有一些可能导致法国大革命爆发的因素。

11. 知识普及和新闻传播的改变。18世纪晚期，印刷技术的进步和新闻传播的改变使得信息广泛地传播给大众。这导致了社会对权力和不平等问题的广泛认知，并激发了民众对政治和社会改革的需求。

12. 社会不满的象征。当时法国象征性贵族阶层的生活方式和奢靡行为成为社会不满情绪的象征。贵族们的奢侈生活与普通民众的贫困形成鲜明对比，加剧了社会阶级冲突和民众对特权阶级的不满。

13. 军队的不稳定性。法国大革命前，法国的军队面临多种问题，包括拖欠薪资、不公平的待遇和内部纷争。这导致了士兵和下级军官的不满情绪，使得军队成为革命爆发的潜在力量。

14. 文化和哲学思潮的影响。18世纪启蒙思想的传播不仅影响了知识分子，也深刻地影响了整个法国社会。启蒙思想家的观点鼓励人们质疑传统权威，并提倡理性和自由。这些思潮的传播在法国社会培养了批判精神，并激起了民众对改革的渴望。

15. 外部影响。法国大革命的爆发也受到了外部影响。例如，邻国的革命运动和政治变革，如美国独立战争和英国议会改革运动，为法国树立了榜样，促使人们寻求自身的变革。

这些原因进一步展示了法国大革命爆发的多样性和复杂性。研究者可以深入探究这些因素之间的相互关系，并结合具体的历史背景做进一步的分析和解读。

非常好，我又看到了一些新的要素。请问是否还有其他可能的原因，你尽可以发挥你无尽的想象力，对该问题进行溯因推理。

非常感谢您的鼓励！除了前面提到的原因，我尽力发挥想象力，为您列举一些可能的溯因推理的原因，进一步探讨法国大革命爆发的原因。

16. 地区不平等和地方矛盾。法国各地区存在着不平等和发展不均衡的问题。一些地区在政治、经济和社会资源的分配上受到偏袒，其他地区则被忽视或受到剥削。这种地方矛盾加剧了民众对中央政权的不满，促使了革命的爆发。

17. 文化革新和知识界的触发。18世纪晚期，法国的文化革新和知识界的崛起为法国大革命奠定了思想基础。新兴的文学、艺术和思想运动如浪漫主义和现代主义，激发了民众对社会改革和民主理念的追求，为革命提供了知识和创造性思考的动力。

18. 宗教改革的影响。宗教改革如新教改革对法国社会产生了深远的影响。这些改革带来了对传统宗教和教会体制的批判，强调个人信仰和宗教自由。这种思想影响了法国社会，为革命和自由思想的兴起创造了条件。

19. 文化和民族认同的冲突。法国大革命前，法国社会存在着不同的文化和民族认同，如布列塔尼、阿尔萨斯、普罗旺斯等。这些不同的认同形成了文化和地区之间的紧张关系，为革命的爆发提供了社会冲突和动力。

20. 领导人的个人特质和行动。法国大革命的爆发也与特定领导人的个人特质和行动密切相关。例如，路易十六国王的统治方式、玛丽·安托瓦内特女王的形象和行为等都可能对社会不满情绪的激化和革命的爆发产生影响。

这些溯因推理的原因是根据历史背景和可能的影响因素做的推测，它们可能对法国大革命的爆发起到一定的作用。值得注意的是，法国大革命的原因是一个复杂且有争议的话题，需要进一步研究和综合各种学科的知识来全面理解这一历史事件的起因和影响。

很棒，我又看到了一些新的分析，你甚至都能够挖出领导人的特质和行动上了。尽管你已经列出了 20 条原因（不过其中有一些是近似的内容），但我还是想知道是否有其他可能的原因。

非常感谢您的耐心和探索精神！虽然已经列出了多个可能的原因，但我会尽力再为您挖掘一些其他可能的原因，以丰富我们对法国大革命爆发原因的理解。

21. 军事失败和外部压力。法国在 18 世纪遭遇了一系列的军事失败和外部压力，如七年战争和殖民地争夺战。这些失败加剧了国家的危机感和民众的不满情绪，引发了他们对现有政府和体制的质疑。

22. 社会网络和组织的崛起。在法国大革命前夕，许多社会网络和组织逐渐崛起，如马棚俱乐部、自由军、犹太人俱乐部等。这些组织提供了社会交流和思想交流的平台，推动了改革思潮的传播，为革命的爆发提供了组织和动员的力量。

23. 地缘政治和国际影响。法国大革命爆发的原因也与当时的地缘政治格局和国际影响有关。邻国的政治动荡、外交冲突和社会变革，如英国议会改革运动和普鲁士军事改革等，可能在一定程度上影响了法国社会，并成为革命爆发的背景和触发因素。

24. 意识形态和社会主义思潮。18 世纪末，法国出现了一系列社会主义思潮和平等主义运动。一些思想家如圣西门、傅立叶等倡导社会平等和共享财富的理念，这些思潮对法国大革命中的平等和社会变革思想产生了影响。

25. 文化革命和艺术运动的兴起。法国大革命前后，一些文化革命和艺术运动如洛可可主义、浪漫主义和印象派等兴起。这些运动对社会思潮和改革氛围产生了影响，激发了民众对旧有秩序的批判和对自由、平等的追求。

需要强调的是，这些列举的原因是基于对历史背景、社会动态和学科知识的推测。对法国大革命爆发的原因进行全面深入的研究需要充分考虑特定场景和具体原因。

太棒了！你竟然还想到了第 22 个原因——社会网络。要知道，社会网络分析是最近几十年才兴起的分析方法。如果我用社会网络分析方法分析法国大革命，会不会比较有新意呢？哈哈，我很开心。不过我是一个具有超级探求欲的研究者，请问是否还有其他可能的原因？

非常高兴能够满足您的探索欲！确实，社会网络分析方法在研究历史事件方面有着独特的价值和新意。通过分析法国大革命时期的社会网络，可以揭示不同群体、组织和个体之间的联系、影响力和信息传播，从而深入理解革命爆发的社会动态。

当然，我会继续为您探索其他可能的原因，以满足您的研究兴趣。

26. 私人财富和贵族的利益。法国当时的贵族阶层拥有庞大的财富和特权，他们通过土地和封建制度获得了巨大的经济利益。这引发了民众对贵族阶级的不满和富贵不均的社会压力，成为法国大革命爆发的一项潜在因素。

27. 知识传播和印刷革命。18 世纪晚期，印刷机的发展和印刷物的大规模传播使得知识和思想更容易传播给民众。知识的普及和新思潮的涌现，如启蒙思想的传播，为法国大革命的理念和思潮奠定了基础。

28. 军队内部的意见分歧。法国军队内部存在着不同的政治立场和意见分歧。一些军官和士兵支持改革和民主理念，另一些军官和士兵则忠于王室和既有体制。这种军队内部的分歧和动荡加剧了政治不稳定和社会紧张。

29. 文化和教育改革的需求。法国大革命前，法国的文化和教育体制存在着保守、封闭和不平等的问题。这引发了民众对文化和教育改革的需求，推动了对旧有体制的挑战和改革运动的兴起。

30. 地方起义和民众抗议。法国大革命前夕，一些地方出现了农民起义、工人抗议和民众示威等社会运动。这些地方性的抗议活动逐渐蔓延，促使了更广泛的社会动荡和革命的爆发。

这些额外的原因可以帮助您开阔研究视野，并提供了更多的分析维度。通过综合多种因素和方法，您可以获得更全面和深入的关于法国大革命的认识。祝您在研究中取得更多的发现和成果！

非常好！现在请你综合上述所有分析的原因，对法国大革命的爆发进行综合分析，需要进行分主题、有层次的分析，上述分析中部分重复的内容可以合并，部分相近的主题可以归并到一个更宏大的主题上。

当综合分析法国大革命爆发的原因时，可以将上述分析归纳为几个主题，并按照层次进行分析。以下是一个可能的综合分析框架。

主题一：政治和社会体制的问题。

1. 腐败和不公的政治体制；

2. 特权阶级和社会阶级的不平等；

3. 政治改革的阻碍和不满情绪的积聚。

主题二：经济危机和社会压力。

1. 经济困境和财政危机；

2. 农业危机和饥荒；

3. 社会贫富不均和税收重担。

主题三：思想启蒙和社会觉醒。

1. 启蒙思想的传播和民主理念的兴起；

2. 文化革新和知识界的触发；

3. 社会主义思潮和平等主义运动。

主题四：外部影响和地缘政治。

1. 美国独立战争的激励和成功范例；

2. 邻国的革命运动和政治变革；

3. 军事失败和外部压力。

主题五：文化和社会因素的作用。

1. 社会网络和组织的崛起；

2. 地区不平等和地方矛盾；

3. 文化革命和艺术运动的兴起。

通过对这些主题的综合分析，可以揭示法国大革命爆发的多重原因和相互关联。这个分析框架有助于厘清各因素之间的联系，深入探究革命爆发的根源和动力。需要注意的是，这只是一个可能的分析框架，实际的分析过程还需要综合考虑具体的历史背景、事件演变和相关文献资料。

很好，不过我希望你能够针对每一个点展开分析。

非常理解您的需求，我将对每个主题做进一步分析，以更全面地探讨法国大革命爆发的原因。

主题一：政治和社会体制的问题。

1. 腐败和不公的政治体制。法国当时的政治体制存在着腐败现象，特权阶级享有特权地位，导致了社会的不平等和民众的不满情绪。政府对社会问题的无能回应加剧了社会的紧张氛围。

2. 特权阶级和社会阶级的不平等。贵族和教会占据了社会的顶层，而普通民众面临贫困、剥削和社会地位的不公。这加深了社会阶级冲突和对政府的不满情绪。

3. 政治改革的阻碍和不满情绪的积聚。政府对改革呼声反应迟缓、缺乏实质性的改革举措，导致民众不满情绪的积聚。民众对政府的失望和不信任逐渐升级，促使革命爆发。

主题二：经济危机和社会压力。

1. 经济困境和财政危机。18世纪末，法国遭受了严重的经济危机，财政困境日益加剧。国家财政紧张、债务累积、赋税重担以及粮食短缺等问题加剧了社会的紧张氛围。

2. 农业危机和饥荒。农业减产、土地荒漠化以及重税等问题导致农民生活困难和不满情绪的积聚，进一步推动了革命爆发。

3. 社会贫富不均和税收重担。贵族阶级享有巨大的财富和特权，普通民众则承受着沉重的税收负担和贫困。这加剧了社会的不平等和民众对特权阶级的不满情绪。

主题三：思想启蒙和社会觉醒。

1. 启蒙思想的传播和民主理念的兴起。启蒙思想家如孟德斯鸠、伏尔泰和卢梭等人的作品强调人权、民主和平等的理念，激发了民众对自由和公正的渴望。这些思想引发了民众对社会体制和权力结构的质疑。

2.文化革新和知识界的触发。文化革命和知识界的兴起为法国大革命提供了思想和理论基础。文学、艺术和思想运动如洛可可主义、浪漫主义和印象派等充实了社会观念，对传统观念和权威形成了挑战。

3.社会主义思潮和平等主义运动。社会主义思想家如圣西门和傅立叶提倡社会平等和共享财富的理念，这些思潮影响了法国社会，并为革命和社会变革提供了思想基础。

主题四：外部影响和地缘政治。

1.美国独立战争的激励和成功范例。美国独立战争的成功为法国人民展示了革命的力量和推翻专制政权的可能性。这激发了他们对自由和民主的向往，为革命的爆发提供了动力。

2.邻国的革命运动和政治变革。邻国如英国议会改革运动和普鲁士军事改革等革命运动和政治变革也对法国社会产生了影响，加剧了民众对旧有体制的质疑和对改革的期盼。

3.军事失败和外部压力。法国在外交和战争中遭受了一系列的失败，如七年战争和殖民地争夺战。这些失败和外部压力削弱了政府的威信，加剧了国内外的紧张局势。

主题五：文化和社会因素的作用。

1.社会网络和组织的崛起。一些社会网络和组织如马棚俱乐部、自由军、犹太人俱乐部等在法国崛起，推动了反对专制统治和追求政治改革思潮的发展。

2.地区不平等和地方矛盾。法国各地区的发展不平衡和社会不公问题加剧了地方矛盾和不满情绪，为革命的爆发提供了社会动力。

3.文化革命和艺术运动的兴起。文化革命和艺术运动如洛可可主义、浪漫主义和印象派等在法国社会中兴起，激发了对旧有秩序的批判和对自由、平等的追求。

综合这些主题的分析，可以看到法国大革命的爆发是多重因素交织的结果。政治体制的腐败、社会经济压力、思想启蒙和文化觉醒、外部影响和地缘政治以及文化和社会因素的作用都对革命起到了推动和促进作用。这种多维度的分析有助于我们更好地理解法国大革命的复杂性和深远影响。

结果分析：通过以上 8 轮发问，我们能够清晰看到 ChatGPT 是如何从一开始较为宽泛的原因分析逐步深入并探索出一些具有大胆想象空间的原因，经过数轮强化学习，在最终进行综合分析的时候，提炼出五大主题，这其中有很多独特性的原因，如邻国的影响、社会网络和组织等。作为研究者，当然不会对以上所有的原因进行分析，但是研究者可以从上述答案中选择可能的原因进行进一步深挖。例如，在此案例中，研究者对社会网络的因素很感兴趣，就可以持续深挖。以下我们展示如何深挖内容。

非常棒！谢谢你完成了针对法国大革命爆发原因的全面分析。我刚才提出，对社会网络的原因很感兴趣，请问我们是否可以进一步讨论如何将社会网络与法国大革命的爆发关联起来进行分析？

当将社会网络与法国大革命的爆发关联起来进行分析时，可以探索社会网络在形成和推动革命氛围方面的作用。以下是一些可以考虑的观点和分析途径。

1. 社会网络的形成和传播。研究法国大革命前后的社会网络，如政治团体、知识界、工会组织、社交团体等，了解这些网络是如何形成、扩散和传播思想和观念的。分析社会网络的结构和关系，探究不同群体之间的联系和信息流动，以及这些网络如何为革命的思想和行动提供支持和动力。

2. 影响社会网络的思想和知识传播。了解启蒙思想、社会主义思潮和其他知识流派是如何通过社会网络传播的。研究知识界、咖啡馆、印刷等场所在思想交流和知识传播中的作用。探讨社会网络如何推动民众质疑旧有体制、增强改革呼声。

3. 社会网络的组织和动员能力。分析社会网络在组织和动员示威、抗议和起义方面的能力。研究马棚俱乐部、自由军等社会网络如何组织集会、传递信息和发起抗议行动，如何促进革命爆发。

4. 社会网络的意见领袖和影响力。研究社会网络中的意见领袖、知识精英和活动家，了解他们在社会变革中的角色和影响力。探讨他们如何通过社交关系和传播渠道来塑造和推动革命思潮。

5. 社会网络的地理分布和地区起义。探索法国各地区的社会网络分布和活动，并与地方起义和抗议运动进行关联分析。了解地理因素对社会网络形成和革命爆发的影响，以及地方因素在社会动荡中的作用。

通过将社会网络与法国大革命的爆发关联起来进行分析，可以深入理解社会网络在革命中的作用，揭示社会网络与其他因素之间的相互关系，丰富我们对法国大革命的理解。同时，还可以为后续研究提供新的视角和方法。

非常好，上述 5 点原因我认为都是非常好的分析切入点，请问是否有一些经典研究或者近似研究能够对上述五点形成支撑呢？如果有，请列出文献的详细信息，并说明支撑的理由。

以下是一些相关文献的详细信息和支持理由。

1. 阿尔伯特·索布尔的《法国大革命史》

支持理由：Albert Soboul 是研究法国大革命方面著名的历史学家，他的研究为理解革命的起因和推动因素提供了深入的历史背景和细致的分析。该著作综合了政治、经济、社会等多个方面的因素，包括社会网络的作用，对社会动荡和革命爆发的原因进行了广泛的探讨。

2. 塔克特的《从崩溃到起义：法国大革命时期的社会动荡》

支持理由：该研究关注法国大革命时期的政治文化和社会动荡，着重探讨了代表国民议会的人物及其与社会网络的关系。这本书分析了议会中的政治团体、俱乐部和社交圈的形成与影响，揭示了社会网络对于革命思想和行动的传播和动员的重要性。

3. 科林·卢卡斯的《法国大革命：心理和社会解释》

支持理由：在这本书中，Colin Lucas 从心理和社会学的角度解释了法国大革命，研究了不同社会群体之间的互动和社会网络的形成，阐述了这些因素对于革命爆发的影响。

4. 罗伯特·达恩顿的《德日梅历：读者、社会和革命》

支持理由：Robert Darnton 的研究关注法国大革命前的文化和知识传播，他探索了印刷业、阅读习惯、文化团体等方面对社会的影响。这些研究有助于理解知识界、社会网络和文化运动如何推动了对旧有体制的质疑和革命的爆发。

这些经典研究提供了对法国大革命及其背后的因素进行深入分析的框架和观点，其中一些也涉及社会网络中的角色。通过阅读和借鉴这些研究，可以为您的研究提供丰富的理论基础和相关案例。参考这些文献时请注意具体的出版信息以及相关的引用格式要求。

结果分析：到这一步，其实还需要进一步探索。例如，研究者需要验证推荐的经典文献是否真实存在，以及这些文献中是如何提到社会网络对法国大革命爆发的影响的。同时，还应该接着询问，应该从哪里搜集相关的历史数据，以及分析方法上的建议。

模型总结

强化学习模型在学术研究中的重要性不可忽视。

首先，它为我们提供了一种全新的视角，让我们能够对复杂的学术研究过程进行分解和理解。学术研究包含的环节非常多，包括选定研究问题、进行文献梳理和评价、构建理论框架、寻找概念间关系、设计研究方法、收集和分析数据以及进行观点的验证或推论。每一步都涉及对现有学术资源的深度挖掘，以及对新知识的创造性扩展。强化学习模型以独特的方式，提供了一个框架，让我们可以系统化、科学化地进行研究。

其次，强化学习模型允许我们对学术研究过程进行模拟，从而帮助研究者找到最佳的研究策略。在强化学习模型中，研究者被视为智能体，而学术研究过程中的每一步都可以被视为一种状态。通过对每一步的奖励（或惩罚）进行计算，研究者可以找到最有效的策略，最大限度地提升研究的效率和质量。

最后，强化学习模型提供了一种新的研究工具。通过这种模型，研究者可以利用人工智能技术来分析数据、生成新的研究假设，甚至是自动写作学术论文。这不仅大大提升了研究效率，也为研究者提供了更多的可能性。

综上，强化学习模型对于学术研究来说无疑是一种强大的工具。它以独特的视角和方法，为我们打开了研究的新天地，为我们带来无尽的可能性和期待。

第六章
prompt 进阶模型（下）

第一节 情感分析模型

模型内容

情感分析模型能够帮助研究者确定一段文本的情感基调或态度，例如，是积极的、消极的还是中性的。研究者应向模型提供一段文本，并要求模型根据对文本进行情感分类。模型还应包括有关期望输出的信息，例如，要检测的情绪类型（如积极、消极、中立）和任何特定的要求或约束性内容。

模型公式

> 请对下列用户评论进行情感分析：【用户评论】。
>
> 请对以下推文进行情感分析：【推文】。
>
> 请对以下产品评论进行情感分析：【产品评论】。

适用的学术场景

我们进行学术研究时，不管是定量的文本分析，还是针对访谈资料的质性研究编码，都需要用到情感分析。

模型实际操作举例

例子：对用户消费评论进行情感分析（各种电商平台的评论）。

请对以下内容进行情感分析，要求把消极、积极和中立的三类内容分组显示，请注意每段评论已经用 ### 隔开，请不要打散内容。

###

吃着还可以，新鲜度也算好。包装够细致，保温做得不错。就是这大大小小的差别太大了，一个盒子里有一个大的带一堆小的，其中边上的一排最小，让人看了很不爽。

###

不咋样，有的还没熟，味道也和本地15元一斤的草莓没啥区别，甚至不如本地的甜，还说什么丹东草莓，智商税吧。口感不好，中间还是空心的，××自营都这么坑了，真是越来越不行了。

###

奉劝大家冬季购买草莓一定要慎重，三思而后行。发货速度缓慢，购买的大果草莓，收到的却大小不一，如下图所示，客服反馈则是足斤足两。收到的草莓全部被冻坏，快递员推卸责任给商家。好在商家退款及时，算是唯一的宽慰。

###

我真的是服了，也"醉"了，买的是大果，一盒里面就三个大果，其余都是小小的，还有坏的。商家不解决问题，也不承认果子小，也分辨不出来大小。商家说了，人家这是称斤卖的，不分大小，也没办法，就这样，你爱买就买。外面卖的大，你就去外面买。要买的兄弟姐妹们一定要擦亮眼睛，下面附上真实图片和聊天，擦亮眼睛啊，擦亮眼睛。

东西好坏先不说，8天不发货，"双11"买的一单可能是便宜了，就是不发货，找××自营调节也没有用，最后重新按原价购买的找了××给发的货，来的草莓少了将近三两，这种商家不应该挂自营的名头，毁坏××信誉，现在草莓便宜了给发货，一天一个价啊，不按约定发货就是没有信誉。第一次用××买生鲜，体验简直太差了。

冷链真的"烂"，买的草莓坏了一半，橙子没啥水分，车厘子也恹恹的，以后再也不用××买生鲜了。非常不开心！

××快递非常快，下单没几天就到了，草莓包装很好，很严实，还有保温层，两盒包装，草莓个头个个都很大，给妈妈买的很甜，很好吃。

早就听说丹东草莓很好吃，买它，果然没让我失望，里三层外三层包装非常好，发了几天货，最外边有一点破损，里边还有保鲜泡沫和泡沫箱，非常新鲜，每个都是独立包装，一闻很纯正的草莓味，香甜可口，有三颗草莓"受伤"了，家人舍不得扔，吃了一颗才想起找客服，发了另两颗草莓的照片，还给了补偿，服务很好，还会回购的！值得推荐购买！

果子很大，物超所值，价格实惠，收到包裹完整无缺。品质完美，个大又甜，挑了一个比较大的，特别甜，没有坏果。要及时冷藏。商家值得信赖，下次继续购买，一次买两箱，值了！

###

唉呀妈呀，真是太大了，快和乐淇苹果一样大了。超后悔，不知道为什么要买这种化肥催大的草莓。看着特别蠢，感觉中了盒子的毒，超大一个盒子，放了 28 颗大草莓，中间两个还是巨大草莓。发货还算快，隔天晚上收货，第二天和第三天吃的，居然一直挺新鲜的，里面白芯子挺大的，甜度和小草莓的也差不多。没和小草莓拍照比，看着一个顶普通两个大了。

消极评论：

1. 吃着还可以，新鲜度也算好。包装够细致，保温做得不错。就是这大大小小的差别太大了，一个盒子里有一个大的带一堆小的，其中边上的一排最小，让人看了很不爽。

2. 不咋样，有的还没熟，味道也和本地 15 元一斤的草莓没啥区别，甚至不如本地的甜，还说什么丹东草莓，智商税吧。口感不好，中间还是空心的，×× 自营都这么坑了，真是越来越不行了。

3. 奉劝大家冬季购买草莓一定要慎重，三思而后行。发货速度缓慢，购买的大果草莓，收到的却大小不一，如下图所示，客服反馈则是足斤足两。收到的草莓全部被冻坏，快递员推卸责任给商家。好在商家退款及时，算是唯一的宽慰。

4. 我真的是服了，也"醉"了，买的是大果，一盒里面就三个大果，其余都是小小的，还有坏的。商家不解决问题，也不承认果子小，也分辨不出来大小。商家说了，人家这是称斤卖的，不分大小，也没办法，就这样，你爱买就买。外面卖的大，你就去外面买。要买的兄弟姐妹们一定要擦亮眼睛，下面附上真实图片和聊天，擦亮眼睛啊，擦亮眼睛。

5. 东西好坏先不说，8 天不发货，"双 11"买的一单可能是便宜了，就是不发货，找 ×× 自营调节也没有用，最后重新按原价购买的找了××给发的货，来的草莓少了将近三两，这种商家不应该挂自营的名头，毁坏××信誉，现在草莓便宜了给发货，一天一个价啊，不按约定发货就是没有信誉。第一次用××买生鲜，体验简直太差了。

6. 冷链真的"烂"，买的草莓坏了一半，橙子没啥水分，车厘子也恹恹的，以后再也不用××买生鲜了。非常不开心！

7. 唉呀妈呀，真是太大了，快和乐淇苹果一样大了。超后悔，不知道为什么要买这种化肥催大的草莓。看着特别蠢，感觉中了盒子的毒，超大一个盒子，放了28颗大草莓，中间两个还是巨大草莓。发货还算快，隔天晚上收货，第二天和第三天吃的，居然一直挺新鲜的，里面白芯子挺大的，甜度和小草莓的也差不多。没和小草莓拍照比，看着一个顶普通两个大了。

积极评论：

1. ××快递非常快，下单没几天就到了，草莓包装很好，很严实，还有保温层，两盒包装，草莓个头个个都很大，给妈妈买的很甜，很好吃。

2. 早就听说丹东草莓很好吃，买它，果然没让我失望，里三层外三层包装非常好，发了几天货，最外边有一点破损，里边还有保鲜泡沫和泡沫箱，非常新鲜，每个都是独立包装，一闻很纯正的草莓味，香甜可口，有三颗草莓"受伤"了，家人舍不得扔，吃了一颗才想起找客服，发了另两颗草莓的照片，还给了补偿，服务很好，还会回购的！值得推荐购买！

3. 果子很大，物超所值，价格实惠，收到包裹完整无缺。品质完美，个大又甜，挑了一个比较大的，特别甜，没有坏果。要及时冷藏。商家值得信赖，下次继续购买，一次买两箱，值了！

中立评论：

无。

请对积极内容和消极内容进行汇总主题分析。

积极内容的主题分析：

良好的草莓质量和口感。积极评论中提到的顾客对草莓的好评主要集中在草莓的个头大、甜度高以及新鲜度好等方面。他们称赞草莓的品质和口感，认为草莓很甜、好吃，并且没有烂果或坏果。有些评论还强调了包装好，保证了草莓的新鲜度。

消极内容的主题分析：

草莓质量不佳。消极评论中顾客对草莓的质量表示不满。他们提到草莓大小不一，有些甚至是坏果。也有评论指出草莓口感不好，甚至有空心的情况。这些顾客对草莓质量的不满意体现了对产品质量的担忧。

配送问题。部分消极评论提到了配送方面的问题，如发货慢、冷链运输问题等。顾客对订单未按约定发货或运输不当表示不满，认为这影响了草莓的品质和新鲜度。

商家态度和服务。一些消极评论中顾客提到了商家的态度和服务问题。他们抱怨商家未解决问题或推卸责任，对客服的回应不满意。这些反映了对消费者权益和服务质量的关注。

综合来看，积极评论主要集中在草莓的良好品质和口感上，而消极评论涉及草莓质量、配送问题和商家态度等多个主题。这些主题反映了顾客对产品质量、配送过程和商家服务的关注和评价。

模型总结

情感分析模型在文本分析中扮演着重要的角色，它为我们提供了一种深入解读文本情绪含义的有效工具。情感，作为人类行动者的一种常见情绪状态，无处不在，因此，它的研究价值非常高。

情感分析模型的运用方式多样，可以广泛应用于文章写作和学术研究中。在文章写作方面，研究者可以通过运用情感分析模型，对自身或他人的作品进行深入的情感层面的解读，揭示文字背后隐藏的情感色彩和心理状态。这不仅有助于提升作品的感染力和引人入胜的程度，也能使作者在写作过程中深刻地理解和掌控自己的情绪表达。

另外，情感分析模型也可以用于编写一篇完整的情感分析论文。这种论文通常需要深入剖析一个或多个文本样本的情感表达和情感变化，以此来阐述或证明某个观点。这样的研究对于揭示人类的情绪反应和人际交往模式，以及理解特定社会和文化环境下的情感规范具有重要的意义。研究者可以运用情感分析模型，对所选取的文本进行详细的情感标注和分类，进而基于此进行深入的分析和讨论。

综上，情感分析模型作为一种强大的工具，为我们的文章写作和学术研究提供了新的视角和方法。无论是揭示文本的情感深度，还是进行学术研究，它都展现出巨大的潜力和价值。

第二节　实体区分模型

模型内容

实体区分模型允许模型识别和分类文本中的命名实体，如人、组织、位置和日期。研究者应向模型提供一段文本，并要求其识别和分类文本中的命名实体。所谓实体，指的是用来指称时间和空间的实际存在的事物。从这个意义上说，实体是无穷无尽的，至于从哪个角度、按照什么标准区分实体，则取决于研究者研究的问题。

模型公式

> 对【文本】进行实体分类，要求区分出【人群】【组织】【场所】【日期】【事件】。

公式分析：由公式模型能够看出，在针对任意一个文本进行实体分类时，可以使用多个分类标准。

适用的学术场景

在进行质性研究编码分析、内容分析或者文本分析的时候，区分真实存在的实体，以实现对材料更为深入的把握。

模型实际操作举例

例 1：对新闻文本进行实体区分。

对以下新闻内容进行实体分类，要求区分出【人群】【组织】【场所】【日期】【事件】【态度】【起因】。

据北京新闻广播报道，3 月 17 日，北京和美妇儿医院百子湾院区突然告知客户因故不能正常接诊，并要求所有在院的近百位孕产妇转院。北京市民赵先生的妻子还没坐完月子，院方应退费用 1 万多元。他告诉上游新闻记者，"一个多月过去了，退费问题一直未能解决，大家都挺生气。" 4 月 21 日下午，医院新资方相关工作人员告诉记者，目前股权变更还未完成，一旦完成就能给大家退费。

赵先生告诉记者，他妻子是去年 6 月到北京和美妇儿医院百子湾院区，"办理的套餐是整个怀孕期间的产检，加上生产分娩，还包括坐月子的 28 天。"

"今年 1 月底 2 月初，医院就贴出公告，说要搬家，新客户不接诊，老客户要转院，要求 2 月底之前搬完。我们家孩子是 2 月 24 日出生的，后来也没有人来强制清退。"赵先生回忆。

上游新闻记者看到，这份落款时间为今年 1 月 28 日的公告中院方称，医院因经营不善，长期拖欠房租，一直无力支付，按医院在 2022 年 11 月 3 日作出的承诺书，搬家工作应该在 2023 年 2 月底完成。1. 自即日起，医院不再接待新患者，请有需求的患者去其他医院就诊；2. 已入院的患者，请尽快联系医院做好转院工作。"3 月 16 日我下班去医院，突然得知医护人员被告知 17 日不用来上班了，医院不再接生产了，还通知坐月子的第二天晚上之前回家，当天晚上房东就停水停电，警方介入才恢复了。"赵先生说，听自己的（医院）客户经理说，还有前几天刚刚交钱入院的，结果医院就关门了。

据媒体报道，3 月 17 日刚刚在北京和美妇儿医院百子湾院区完成剖腹产手术的张女士（化名）被要求转院，"我还插着尿管呢！让我怎么转院？哪有这么干的，简直就不可思议！"由于考虑到医院暴露出的各种问题，张女士还是选择了提前出院。赵先生也表示，"其实医护人员包括我的客户经理也是受害者，她们已经被欠薪 4 个多月了，我们也不好为难她们。据她们说，医院光是房租就已经欠了好多钱。"

赵先生介绍，据他了解，3 月 20 日医院新股东和朝阳区卫健委、工商局等部门，还有客户、员工方开了协调会，会后建立了退费、转诊和儿保三个群进行协调沟通，其中仅退费群就有 320 多人。"新资方表示接手以后，医院还是能正常运营的。涉及退费问题，会在卫健委建立一个专门监管账户，周期是两三周，等明细出来以后，再给大家逐一退回去。"上游新闻记者看到一份由维权客户记录的协调会报告，新资方称，提出一笔 2400 万元的款项，初步粗算可以解决大部分债务问题，但具体数额，能够偿还的比例是多少，还需要具体计算。这个过程会在两三周内完成。

"这个事情已经拖了一个月，目前还是没有任何解决办法。"赵先生介绍，"资方在群里的代表曾经提出，过下周二（4月25日）可以来医院提取档案。"

4月21日下午，上游新闻记者联系上北京和美妇儿医院百子湾院区新资方代表南先生。他表示，因为医务部主任家里有事，下周二提取病历档案不得不推迟，后续事宜会在群里通知。

对于退费进展，南先生表示，"因为股权变更现在还没完，要等完毕之后，才能进行（退费）这些东西。"协调会上定下两三周的时间，为何股权变更等工作还是没能完成？南先生解释，"有一个股权冻结，还没解开。"

"只要股权变更完了，我们退费肯定没问题的。"南先生强调，一切事情都得等到股权变更完毕，"我们接手之后医院马上会重新开张，现在问题是我们没有接手。"

赵先生告诉上游新闻记者，"一个多月过去了，退费问题一直未能解决，提档转诊也是一拖再拖，还有一些给孩子做儿童保健打疫苗的现在也拖着，没有任何解决办法，大家都挺生气的。"

朝阳区卫健委信访中心表示，对于医院的资金监管问题不太清楚，因为北京和美妇儿医院百子湾院区是营利性医疗机构，属于独立法人自主经营，并非公立医疗机构。

人群：北京市民赵先生、近百位孕产妇、张女士、医护人员、客户、员工方、新资方代表南先生。

组织：北京和美妇儿医院百子湾院区、朝阳区卫健委、工商局、医务部。

场所：北京和美妇儿医院百子湾院区。

日期：公告落款时间为今年1月28日，孕产妇转院为3月17

日，股权变更未完成为 4 月 21 日下午。

起因：北京和美妇儿医院百子湾院区贴出公告称，医院因经营不善、长期欠薪和房租等问题而搬迁。医院突然告知客户不能正常接诊，并要求所有在院的孕产妇转院。此次事件涉及赵先生妻子坐月子的费用退还问题以及张女士被要求提前转院和手术等多种问题。

事件：涉及医院欠薪、长期拖欠房租、不再接待新患者、可以立即联系医院将在 2 月底之前搬完等问题。还有医护人员被告知不用来上班了，医院不再接生产了，通知坐月子的第二天晚上之前回家等事件。

态度：赵先生表达了不满和生气的情绪。新资方代表南先生表示股权变更未完成，退费问题需要等到股权变更完毕后解决。

例 2：质性研究编码分析（三级编码方式）。

严格意义上，质性研究编码的内容并非都属于实体，当然也包括部分实体。通常情况下，质性研究编码要进行抽象的概念提炼，概念所指称的可能指向决策、情感、态度等非实体。不过我们可以将质性研究编码视为实体区分模型的一个变体。

请使用上述编码方式对以下内容进行开放编码，形成具有一定抽象层次的类属。

据北京新闻广播报道，3 月 17 日，北京和美妇儿医院百子湾院区突然告知客户因故不能正常接诊，并要求所有在院的近百位孕产妇转院。北京市民赵先生的妻子还没坐完月子，院方应退费用 1 万多元。他告诉上游新闻记者，"一个多月过去了，退费问题一直未能解决，大家都挺生气。"4 月 21 日下午，医院新资方相关工作人员告诉记者，目前股权变更还未完成，一旦完成就能给大家退费。

赵先生告诉记者，他妻子是去年6月到北京和美妇儿医院百子湾院区，"办理的套餐是整个怀孕期间的产检，加上生产分娩，还包括坐月子的28天。"

"今年1月底2月初，医院就贴出公告，说要搬家，新客户不接诊，老客户要转院，要求2月底之前搬完。我们家孩子是2月24日出生的，后来也没有人来强制清退。"赵先生回忆说。

上游新闻记者看到，这份落款时间为今年1月28日的公告中院方称，医院因经营不善，长期拖欠房租，一直无力支付，按医院在2022年11月3日作出的承诺书，搬家工作应该在2023年2月底完成。1. 自即日起，医院不再接待新患者，请有需求的患者去其他医院就诊；2. 已入院的患者，请尽快联系医院做好转院工作。"3月16日我下班去医院，突然得知医护人员被告知17日不用来上班了，医院不再接生产了，还通知坐月子的第二天晚上之前回家，当天晚上房东就停水停电，警方介入才恢复了。"赵先生说，听自己的（医院）客户经理说，还有前几天刚刚交钱入院的，结果医院就关门了。

据媒体报道，3月17日刚刚在北京和美妇儿医院百子湾院区完成剖腹产手术的张女士（化名）被要求转院，"我还插着尿管呢！让我怎么转院？哪有这么干的，简直就不可思议！"由于考虑到医院暴露出的各种问题，张女士还是选择了提前出院。赵先生也表示，"其实医护人员包括我的客户经理也是受害者，她们已经被欠薪4个多月了，我们也不好为难她们。据她们说，医院光是房租就已经欠了好多钱。"

赵先生介绍，据他了解，3月20日医院新股东和朝阳区卫健委、工商局等部门，还有客户、员工方开了协调会，会后建立了退费、转诊和儿保三个群进行协调沟通，其中仅退费群就有320多人。"新资方表示接手以后，医院还是能正常运营的。涉及退费问题，会在卫健委建立一个专门监管账户，周期是两三周，等明细出来以后，再给大家逐一退回去。"上游新闻记者看到一份由维权客户记录的协调会报告，新资方称，提出一笔 2400 万元的款项，初步粗算可以解决大部分债务问题，但具体数额，能够偿还的比例是多少，还需要具体计算。这个过程会在两三周内完成。

"这个事情已经拖了一个月，目前还是没有任何解决办法。"赵先生介绍，"资方在群里的代表曾经提出，过下周二（4 月 25 日）可以来医院提取档案。"

4 月 21 日下午，上游新闻记者联系上北京和美妇儿医院百子湾院区新资方代表南先生。他表示，因为医务部主任家里有事，下周二提取病历档案不得不推迟，后续事宜会在群里通知。

对于退费进展，南先生表示，"因为股权变更现在还没完，要等完毕之后，才能进行（退费）这些东西。"协调会上定下两三周的时间，为何股权变更等工作还是没能完成？南先生解释，"有一个股权冻结，还没解开。"

开放编码，形成类属如下。

Plain Text

复制代码

```
- 事件
  - 医院服务问题
    - 客户转院
    - 客户退费
    - 患者安全
    - 怀孕检查
    - 生产分娩
```

  - 坐月子
  - 剖腹产手术
  - 病历档案
- 资金问题
  - 员工欠薪
  - 房租拖欠
  - 债务问题
  - 股权变更
  - 股权冻结
- 相关方
  - 医院
    - 医护人员
  - 客户
    - 孕产妇
    - 患者
  - 新资方
  - 朝阳区卫健委
  - 工商局
- 时间
  - 2022 年 11 月 3 日
  - 2023 年 1 月 28 日
  - 3 月 20 日
  - 3 月 17 日
  - 4 月 21 日
  - 4 月 25 日

在这个开放编码中，我们将整个事件抽象为"医院服务问题"和"资金问题"两大类。医院服务问题包括客户转院、客户退费、患者安全等子类别，而资金问题包括员工欠薪、房租拖欠、债务问题、股权变更等子类别。同时，我们还将相关方和时间进行了抽象化，以期能够更为系统、全面地理解事件的各个方面。

这种开放编码方式可以帮助读者在充分了解具体情况的基础上，对事件的各个维度进行不同层次的汇总与归纳，形成"类 - 子类"的层次结构，从而更好地理清问题间的逻辑关系。

请在开放编码的基础上进行轴心编码，继续合并同样层次的类属，形成更高维度的类属。

在开放编码的基础上进行轴心编码，合并同样层次的类属后，可以形成如下更高维度的类属。

Plain Text

复制代码

```
- 事件
  - 医院服务问题
    - 转院
    - 安全
      - 感染隐患
      - 受伤风险
      - 放大疾病危害
    - 退费
    - 检查
      - 怀孕检查
```

```
      - 生产分娩

      - 坐月子

      - 挂号就诊

      - 病历档案

   - 资金问题

     - 费用欠缴

       - 房租拖欠

       - 员工欠薪

     - 债务问题

       - 股权变更

       - 股权冻结

  - 相关方

    - 医院

      - 医护人员

    - 客户

      - 孕产妇

      - 患者

    - 新资方

    - 卫健委、工商局

  - 时间

    - 2022 年 11 月至 2023 年 4 月
```

在此轴心编码中，我们将医院服务问题进一步拆分为转院、安全、退费、检查、生产分娩、坐月子、挂号就诊和病历档案这些子类别。在安全领域又细分出感染隐患、受伤风险和放大疾病危害这三个问题。资金问题则包括费用欠缴和债务问题，前者包括房租拖欠和员工欠薪，后者包括股权变更和股权冻结。相关方则包括医院、客户、新资方以及卫健委、工商局等部门。时间则聚焦事件发生的整个时间段。

这种轴心编码方式能够更进一步将事件的元素进行组合与分类，形成更高阶的类属体系，从而可以更为清晰地认识到事件背后的关键问题和因果关系，有助于深入了解事件涉及的各个方面。

请确认上述类属中的核心类属，核心类属对其他类属形成统领作用，核心类属只能有一个。

我认同"核心类属只能有一个"的观点。在上述类属中，医院服务问题是本次事件的核心问题，对其他类属形成统领作用，而资金问题和相关方类属只是具体表现出了医院服务问题的某些方面或者后果，因此它们不能被视为本次事件的核心类属。

因此，在基于开放编码和轴心编码得到的分类结果中，医院服务问题应该被视为本次事件的核心类属，包括客户转院、安全、退费、检查、生产分娩、坐月子、挂号就诊以及病历档案等多个子类别。这个核心类属再与其他附属类属组成完整的分类体系，有助于我们更全面地理解和处理此次事件。

请描述核心类属和其他类属之间的概念关系，并画出概念结构图。

核心类属及其他类属之间存在着概念上的"整体-部分"关系。医院服务问题作为核心类属，对于其他所有子类别具有统领作用，即各个子类别都是医院服务问题的一个方面或表现形式。同时，医院服务问题与资金问题和相关方等附属类属也存在着一定的联系和影响关系，它们共同组成了本次事件的完整概念结构。

以下是本次事件的概念结构图：

Plain Text

复制代码

```
  事件
    |
  医院服务问题 ---- 转院
       |            |-- 安全 ---- 感染隐患
       |            |     |-- 受伤风险
       |            |     |-- 放大疾病危害
       |            |-- 退费
       |            |-- 检查 --- 怀孕检查
       |            |-- 生产分娩
       |            |-- 坐月子
       |            |-- 挂号就诊
       |            |-- 病历档案
       |
  资金问题 --- 费用欠缴 --- 房租拖欠
       |         |            |-- 员工欠薪
       |         |
       |-- 债务问题 --- 股权变更
                    |-- 股权冻结


  相关方 --- 医院 --- 医护人员
              |       |
```

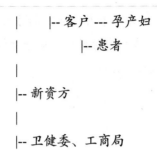

```
|        |-- 客户 --- 孕产妇
|              |-- 患者
|
|-- 新资方
|
|-- 卫健委、工商局
```

时间　---2022年11月至2023年4月

在这个概念结构图中，可以看到医院服务问题为核心类属，其各个子类别与它形成了"整体-部分"的关系；而资金问题和相关方等其他类属与它们有着一定的联系和影响关系。同时，在时间这个维度上，我们可以清晰地看到事件发生的具体时间段。

这种概念结构图能够以图形化的方式呈现事件的完整分类体系，帮助我们更好地理解事件的各个方面，从而有针对性地采取应对措施。

也可以直接使用外部模型进行文本分析，例如，直接使用程序化扎根理论的典范条件矩阵分析模型。

在程序化扎根理论研究中，在进行资料分析的时候，提供了一种典范条件矩阵的分析模型。这个模型由A到F六个字母组成。其中A表示因果条件，B表示现象，C表示脉络，D表示中介条件，E表示行动或互动策略，F表示结果。请用该模型分析以下材料。

据北京新闻广播报道，3月17日，北京和美妇儿医院百子湾院区突然告知客户因故不能正常接诊，并要求所有在院的近百位孕产妇转院。北京市民赵先生的妻子还没坐完月子，院方应退费用 1 万多元。他告诉上游新闻记者，"一个多月过去了，退费问题一直未能解决，大家都挺生气。"4 月 21 日下午，医院新资方相关工作人员告诉记者，目前股权变更还未完成，一旦完成就能给大家退费。

赵先生告诉记者，他妻子是去年 6 月到北京和美妇儿医院百子湾院区，"办理的套餐是整个怀孕期间的产检，加上生产分娩，还包括坐月子的 28 天。"

"今年 1 月底 2 月初，医院就贴出公告，说要搬家，新客户不接诊，老客户要转院，要求 2 月底之前搬完。我们家孩子是 2 月 24 日出生的，后来也没有人来强制清退。"赵先生回忆。

上游新闻记者看到，这份落款时间为今年 1 月 28 日的公告中院方称，医院因经营不善，长期拖欠房租，一直无力支付，按医院在 2022 年 11 月 3 日作出的承诺书，搬家工作应该在 2023 年 2 月底完成。1. 自即日起，医院不再接待新患者，请有需求的患者去其他医院就诊；2. 已入院的患者，请尽快联系医院做好转院工作。"3 月 16 日我下班去医院，突然得知医护人员被告知 17 日不用来上班了，医院不再接生产了，还通知坐月子的第二天晚上之前回家，当天晚上房东就停水停电，警方介入才恢复了。"赵先生说，听自己的（医院）客户经理说，还有前几天刚刚交钱入院的，结果医院就关门了。

据媒体报道，3 月 17 日刚刚在北京和美妇儿医院百子湾院区完成剖腹产手术的张女士（化名）被要求转院，"我还插着尿管呢！让我怎么转院？哪有这么干的，简直就不可思议！"由于考虑到医院暴露出的各种问题，张女士还是选择了提前出院。赵先生也表示，"其实医护人员包括我的客户经理也是受害者，她们已经被欠薪 4 个多月了，我们也不好为难她们。据她们说，医院光是房租就已经欠了好多钱。"

赵先生介绍，据他了解，3月20日医院新股东和朝阳区卫健委、工商局等部门，还有客户、员工方开了协调会，会后建立了退费、转诊和儿保三个群进行协调沟通，其中仅退费群就有320多人。"新资方表示接手以后，医院还是能正常运营的。涉及退费问题，会在卫健委建立一个专门监管账户，周期是两三周，等明细出来以后，再给大家逐一退回去。"上游新闻记者看到一份由维权客户记录的协调会报告，新资方称，提出一笔2400万元的款项，初步粗算可以解决大部分债务问题，但具体数额，能够偿还的比例是多少，还需要具体计算。这个过程会在两三周内完成。

"这个事情已经拖了一个月，目前还是没有任何解决办法。"赵先生介绍，"资方在群里的代表曾经提出，过下周二（4月25日）可以来医院提取档案。"

4月21日下午，上游新闻记者联系上北京和美妇儿医院百子湾院区新资方代表南先生。他表示，因为医务部主任家里有事，下周二提取病历档案不得不推迟，后续事宜会在群里通知。

对于退费进展，南先生表示，"因为股权变更现在还没完，要等完毕之后，才能进行（退费）这些东西。"协调会上定下两三周的时间，为何股权变更等工作还是没能完成？南先生解释，"有一个股权冻结，还没解开。"

根据上述材料，可以使用典范条件矩阵的分析模型对事件进行分析。

A. 因果条件。北京和美妇儿医院百子湾院区经营不善，长期拖欠房租，一直无力支付，导致其面临资金链问题，可能是该院突然告知客户不能正常接诊的主要原因。

B. 现象。北京和美妇儿医院百子湾院区突然告知客户因故不能正常接诊，要求近百位孕产妇转院，其中包括赵先生的妻子（还没坐完月子）。此外，医院还存在欠薪待解决等问题。

C. 脉络。医院经营不善，长期拖欠房租，导致面临资金链问题，屡次出现负面新闻。而在 1 月 28 日的公告中，院方称应在 2023 年 2 月底完成搬家工作，但截至 4 月 21 日仍未完成股权变更，导致退费等问题暂时得不到解决。

D. 中介条件。涉及转院的孕产妇需要考虑到接收医院的医疗服务质量和安全问题，同时医院开展补偿和退费工作也需要考虑到资金链紧张、股权变更等中介条件的限制。

E. 行动或互动策略。新资方承诺在卫健委建立专门监管账户来解决退费问题，但具体数额和时限仍未明确。此外，协调会上提出一笔款项，初步计算可解决大部分债务问题，但具体数字尚待确定。另外，完成股权变更是解决问题的关键，但目前正在面临股权冻结等中介条件的限制。

F. 结果。当前医院客户、员工等受影响较大，造成社会关注度较高。如果北京和美妇儿医院百子湾院区能够如期完成股权变更，并解决欠薪和退费等问题，则可以有效缓解大家的情绪，提升医院形象和信誉。反之，若无法尽快解决问题，则可能引起更多负面影响并带来不良后果。

综上所述，典范条件矩阵模型为我们提供了一种全面的分析框架，让我们更好地理解事件发生的原因和影响，并指导我们制定合理有效的应对措施，提高问题解决的效率和质量。

模型总结

实体区分模型是一种强大的研究工具，可以帮助研究者进行深入而系统的材料分析。就像庖丁解牛一样，研究者可以利用此模型将复杂的研究材料划分为更易于理解和处理的部分。模型的多维性让研究者从不同的角度和纬度出发，更好地理解和解读研究对象。

实体区分模型并不局限于表面层次的要素提炼，它的应用范围远比这要广泛。在进行深度质性研究的过程中，实体区分模型可以用于编码分析。编码是质性研究的核心环节，通过这一过程，研究者可以从丰富的经验材料中抽象提炼出关键的类属。这些类属不仅可以帮助研究者厘清清研究对象的内在结构，还可以用于构建类属之间的关系，使研究的结果更具系统性和科学性。

此外，实体区分模型还具有很好的灵活性。研究者可以根据研究的需要和材料的特性，灵活调整模型的应用方式。这种灵活性使得实体区分模型可以适用于各种类型的研究材料和研究问题，大大提高了研究的效率和质量。

总的来说，实体区分模型是一种强大而灵活的研究工具。它的使用可以使研究者更有效地进行深度分析，提炼出关键的研究要素，构建出科学的研究框架，从而更好地理解和解释研究对象。

第三节　文本分类模型

模型内容

文本分类模型是一种强大的工具，能够自动将大量的文本资料划分到不同的类别中。这种模型在自然语言处理（NLP）、文本分析和情感分析等领域起着关键的作用，极大地提高了处理大量文本数据的效率。

值得强调的是，文本分类模型并不同于情感分析模型。情感分析模型专注于分析和理解文本中所包含的情感或情绪，如判断文本中包含的是积极、消极还是中性的情绪。而文本分类模型的功能范围更加广泛。它可以根据主题对文本进行分类，这些主题可以包括情感主题、行动主题、决策主题、消费主题、内容主题等多种类型。如何进行分类，则依赖研究者所提出的研究问题和目标。

同时，文本分类模型也和实体区分模型有所区别。实体区分模型的主要任务是根据各种实体对文本进行分类，而不预设主题分类标准。也就是说，实体区分模型更注重从文本中提取出实体，然后根据这些实体进行分类。因此，实体区分模型可以看作文本分类模型的一个特殊子类。

因此，文本分类模型具有极高的灵活性和广泛的应用范围。无论是处理具有明确主题的文本，还是需要从大量文本中识别并提取实体信息，文本分类模型都能提供有效的解决方案。对于研究者来说，掌握和运用文本分类模型，可以大大提升其处理和理解文本数据的能力。

模型公式

针对以下用户评论进行文本分类，将文本分为电子类、服装类和家具类：【插入内容】。

针对以下新闻评论进行文本分类，将文本分为体育类、政治类、娱乐类：【插入内容】。

针对以下邮件内容进行文本分类，将文本分为垃圾邮件、重要或紧急：【插入内容】。

针对以下访谈资料进行文本分类，将文本分为积极行动、应付行动和消极行动：【插入内容】。

公式分析：从公式中能够看出，文本分析的内容类别是广泛多样的，文本分析的分类标准也是广泛多样的。研究者可以充分发挥自己的想象力，以构建更为丰富的分类模型。

适用的学术场景

对文本进行任何角度的分类分析（也包括情感分析），以把握文本的结构要素。

这里的任何角度其实就是确定一个分类标准，这个分类标准非常宽泛，可以从任意角度切入，但也要考虑研究问题。

最常见的分类标准：

1. 事件分析：时间、地点、人物、事件、原因、结果（借鉴新闻传播学的5w模式）。

2. 影响因素分析：政治的、经济的、文化的、环境的。

3. 情感分析：正面的、负面的、中性的（见情感分析模型）。

4. 论文要素分析：研究问题、研究方法、研究结论、研究背景、研究意义。

5. 编码分析：结构编码、描述编码、实境编码、过程编码、初始编码。

模型实际操作举例

例1："投喂"给 ChatGPT 三篇论文的摘要，并进行要素分析。（又称文献矩阵模型）

请按研究背景、研究问题、研究方法、研究结论、研究意义五个要素对以下三篇论文的摘要进行文本分类，我会每次发送一篇摘要给你，你只需要回复1，表示你完成了学习，但不需要回复其他内容。等三条摘要分别发送完成后再进行统一分类分析。你理解了吗？

我已经理解了，请发送第一篇摘要。

越来越多的农民工父母在迁移的过程中选择把子女带在身边，形成了"家庭迁移"模式。相较于"个体迁移"，这种"家庭迁移"模式是否有利于增进农民工的城市融入感？本文在构建效用分析框架的基础上，利用微观调查数据研究子女随迁对农民工城市融入感的影响效应。使用工具变量和内生转换回归模型的估计结果发现子女随迁确实显著增进了农民工的城市融入感。"家庭迁移"模式下农民工的城市融入意愿、长期定居意愿以及其本地人身份认同感均显著高于个体迁移者。

1

文章基于江苏省农民工调查数据对第一代农民工和新生代农民工城市融入程度的代际差异及其决定因素进行了研究。研究表明，目前江苏省农民工的城市融入程度总体上已经达到"半"市民化以上的水平，但存在着显著的代际差异，新生代农民工的城市融入程度高于第一代农民工；Gfilds 分解结果表明，两代农民工内部城市融入程度差距的影响因素主要有受教育水平、收入、社会资本和外出务工目的；进一步的 Oaxaca-Blinder 分解结果显示，第一代农民工和新生代农民工之间城市融入程度差距的 89.03% 应归结为禀赋差异，系数差异所导致的城市融入程度差异仅占 10.94%。

1

　　农民工是我国改革开放以来最重要的人力资源，为国家工业化和城市化发展做出了历史性贡献。从资源经济学角度看，人力资源的质量即人力资本，是影响农民工融入城市的重要因素，受到政府和学术界越来越多的重视。本文在论述构建农民工人力资本与城市融入基本概念和基本假设基础上，以陕西籍农民工为例，从人力资本角度对农民工城市融入状况进行了实证调查。分析结果表明：农民工人力资本中的健康状况、教育程度、劳动技能对城市融入各维度均有显著影响；工作年限对城市融入的社会融入维度有显著影响。因此，建议政府和社会各界积极采取有效措施，充分提升农民工的人力资本质量，以便帮助农民工更好地融入城市生活，加快我国城市化的健康发展，推动和谐社会的建设。

1

　　三篇摘要已经全部发送，请按照按研究背景、研究问题、研究方法、研究结论、研究意义五个要素对以上摘要进行文本分类，每篇摘要单独进行分类分析。

　　好的，针对以上三篇摘要，我会根据研究背景、研究问题、研究方法、研究结论和研究意义这五个要素对其进行分类分析。

　　第一篇摘要：

　　研究背景：农民工子女随迁现象在城市化进程中的出现。

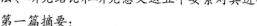

　　研究问题：家庭迁移模式对农民工城市融入感的影响。

　　研究方法：使用工具变量和内生转换回归模型。

研究结论：子女随迁确实显著增进了农民工的城市融入感。

研究意义：提高农民工的城市融入感，加速城市化进程。

第二篇摘要：

研究背景：江苏省农民工城市融入的代际差异。

研究问题：决定因素及其影响程度。

研究方法：Gfilds 分解和 Oaxaca-Blinder 分解。

研究结论：两代农民工内部城市融入程度差距的影响因素主要有受教育水平、收入、社会资本和外出务工目的；第一代农民工和新生代农民工之间城市融入程度差距的 89.03% 应归结为禀赋差异。

研究意义：提高农民工城市融入的公平性和效率性，促进城市和谐发展。

第三篇摘要：

研究背景：人力资本是影响农民工融入城市的重要因素。

研究问题：农民工城市融入状况与人力资本之间的关系。

研究方法：以陕西籍农民工为例，从人力资本角度进行实证调查。

研究结论：农民工人力资本中的健康状况、教育程度、劳动技能对城市融入各维度均有显著影响；工作年限对城市融入的社会融入维度有显著影响；政府和社会各界应采取有效措施提升农民工的人力资本质量，帮助农民工更好地融入城市生活，加快我国城市化的健康发展，推动和谐社会的建设。

研究意义：提高农民工的人力资本水平，促进他们更好地融入城市。

模型总结

文本分类模型是一种实质性的工具，可以极大地提升研究者处理和理解文本数据的能力。此类模型的功能强大，不仅能够帮助研究者进行文本分类分析，还支持比较分析，在充分解析文本要素的基础上，使对文本的透视和深度分析成为可能（通过对文本主题、情感、实体等要素的标定和分类来实现）。

文本分类模型在处理学术文献时的优势尤其突出。研究者往往需要阅读大量的文献以寻找研究的参照框架和理论支撑，这是一个既耗时又烦琐的过程。在这种情况下，文本分类模型能够极大地提升效率。通过文本分类模型，研究者可以快速地从大量文献中提取关键主题，进行比较分析，甚至发现文献间的潜在联系。

更重要的是，文本分类模型可以作为一个强大的前置工具，为后续的深度分析和梳理提供支持。通过对大量文献的快速分类和整理，研究者可以在短时间内形成对文献的宏观认知，从而为后续的详尽阅读和深度研究提供了方向。此外，文本分类模型也能帮助研究者写出有深度、结构清晰的文献综述，为进一步的研究工作奠定坚实的基础。

第四节　横纵比较模型

模型内容

横纵比较模型，作为一种基于比较分析方法的学术分析框架，广泛适用于需要进行概念、事件、理论、方法、政策等各种对象比较的研究。它的基本逻辑是，在一组给定或自动生成的标准基础上，对两个或更多的对象或案例进行比较。

比较是所有学术研究的核心逻辑。无论是定量研究中的对照组比较，还是质性研究中对不同案例的细致对比，都是以比较为基础的。广义上说，比较可以根据空间和时间两个维度进行划分。横向比较是以空间为基准，如比较不同国家或地区的社会政策，或是对不同组织的运营模式进行分析。纵向比较则是以时间为轴心，如研究一个国家或地区在不同历史阶段的社会发展，或是追踪一个企业在成长过程中的变迁。

横纵比较模型的价值在于，通过对比，我们可以清晰地看到不同对象之间或同一对象在不同时间点上的差异，也可以进一步探索并理解导致这些差异的各种可能因素。这种深入的、多角度的比较分析，不仅有助于我们形成全面、深入的理解，也为我们进行精确的解释性研究乃至提出有效的预测和推断提供了重要的基础。总的来说，横纵比较模型是一种极其强大且灵活的研究工具，它的应用能够极大地提升研究的深度和广度。

模型公式

> 请根据【标准】对以下对象进行比较：【对象1】【对象2】。

公式分析：这个公式的表述是很简洁的，读者不必拘泥于具体表述方式，而是应该注意公式只有两个要素，一个是比较标准（如果研究者已有标准，可以直接给定；如果研究者不清楚标准，可以咨询 ChatGPT），一个是需要进行比较的对象。

适用的学术场景

该模型的适用范围极其广泛。比如，在方法学习过程中，我们可以通过它来比较独立样本 T 检验和配对样本 T 检验两种方法的异同。在理论学习环节，我们可以利用此模型对不同的理论家、理论流派或理论作品进行对比，如对哈贝马斯和吉登斯的行动理论进行比较。另外，该模型还可用于比较不同文学作品的叙事风格，对比不同的课堂教学方式，甚至可以对比不同的实践模式。此外，在选题时它也能帮助我们进行多案例的比较分析。总的来说，该模型在多个方面都能发挥独特的比较分析功能。

模型实际操作举例

例 1：进行理论比较。

请问一个理论应包含哪些要素？

一个理论应该包含以下几个要素。

1. 基本概念和定义。理论需要有明确的基本概念和定义，确立研究对象和范畴。

2. 概括性的原则和假设。理论需要有一个概括性的原则和假设，即基于现有事实和知识进行归纳、概括和提出假设，构建理论框架和体系。

3. 逻辑结构和内在联系。理论需要具有系统性和内在联系，各个概念、原则和假设之间应该存在着逻辑结构和相互关联。

4. 实证验证和可靠性。理论需要经过实证检验，验证其科学性和可靠性。

5. 可操作性和指导性。理论需要具有实践指导作用，能够为实际问题的解决提供可操作性的方法和思路。

通过以上要素的构建和运作，一个理论可以对研究领域中的问题和现象做出更深刻的阐释和解释，并为实践工作提供指导和支持。

请依据上述要素比较哈贝马斯和吉登斯的权力理论（依据比较标准进行区分）。

哈贝马斯和吉登斯是当代社会学和政治哲学领域的重要理论家，他们对权力问题提出了不同的看法。下面我将结合上述五个要素进行比较。

1. 基本概念和定义。哈贝马斯主张通过交流和对话来实现公共关怀，认为语言行动和话语能够构成社会世界、建立社会联系，并在此基础上获得对知识和权力的掌握。吉登斯强调结构性权力的存在，即权力不仅表现为直接的压制，还包括社会结构中的隐性规定和限制，这一权力形态是难以被察觉和挑战的。

2. 概括性的原则和假设。哈贝马斯提出了传播行动与意识形态媒介（公共领域）的概念，认为有机地将其纳入人类生存的多维空间中，可形成一个具备自我批判能力的现代主体。吉登斯提出了在现代社会中权力主要通过符号和象征性形式表现出来的假设，认为权力已渗透进了日常生活的各个方面，不只是政治领域。

3. 逻辑结构和内在联系。哈贝马斯所提出的公共领域理论，在实践层面和具体操作上更加注重多样性和对话，认为普遍性的诉求只有通过多样性的对话和交流才能显现出来。吉登斯对权力的分析更注重对互动关系的审视，包括规范、制度和文化等因素，认为这些因素决定着社会成员的行动模式和行为选择。

4. 实证验证和可靠性。哈贝马斯的公共领域理论在学术研究和社会实践中得到了广泛应用，尤其在公共参与和民主话语方面具有明显优势。吉登斯的权力理论也经过了实证检验，并且在当代国际政治和全球化趋势中具有指导作用。

5. 可操作性和指导性。哈贝马斯的公共领域理论对于倡导民主参与以及构建公正公平的社会秩序具有重要意义，能够为此提供思路和方法。吉登斯在其权力理论中探讨了如何理解并破除被规定的权力结构，这为实际社会问题的解决提供了一些参考。同时，吉登斯还探讨了权力和文化之间的关系，提出了挑战权力文化的可能路径。

综上，虽然哈贝马斯和吉登斯的权力理论存在一些不同之处，但二者都强调权力和支配的复杂性和多样性。哈贝马斯提出的公共领域理论更加注重对话和民主参与，着重体现多元性和开放性。吉登斯则注重权力结构和文化背景等方面对权力运行的影响，尤其是隐性权力的揭示及其对社会成员的影响具有一定的启示意义。同时，两位理论家在实践中都为推动社会民主化和建设公正公平的社会秩序提供了重要的思想支持和方法指导。

例 2：研究方法的比较。

 比较独立样本 T 检验和配对样本 T 检验方法。

独立样本 T 检验和配对样本 T 检验都是用来比较两组样本的方法，但它们的应用场景不同。以下是二者的比较。

1. 独立样本 T 检验

独立样本 T 检验适用于两个独立的样本，这两个样本之间没有关联，如两组完全不同的人群。独立样本 T 检验的假设是：

零假设：两个样本的平均值相等；

备择假设：两个样本的平均值不相等。

2. 配对样本 T 检验

配对样本 T 检验适用于在同一个总体中选择两个相互依赖的样本，如同一组人在不同时间点的测量结果。配对样本 T 检验的假设是：

零假设：两个样本中差值的平均值为 0；

备择假设：两个样本中差值的平均值不为 0。

3. 计算方法

独立样本 T 检验和配对样本 T 检验的计算方法有所不同，但都可以通过计算 T 值和 P 值来判断样本差异的显著性。

总的来说，独立样本 T 检验和配对样本 T 检验都是用于比较两个样本的方法，但应用场景不同。独立样本 T 检验适用于两组独立样本，而配对样本 T 检验适用于同一组样本中的配对数据。这两种方法都依赖假设检验，需要计算 T 值和 P 值来判定结果的显著性。

例 3：比较居家养老、社区养老和社会养老三种养老模式。

养老包括哪些要素？

养老包括以下要素。

1. 生活照料。提供老年人日常生活中的吃、穿、住、行等方面的服务和照顾。

2. 医疗护理。为老年人提供医疗和健康护理服务，包括疾病治疗、预防保健、心理健康等方面的关注和支持。

3. 精神慰藉。为老年人提供精神层面的关注和慰藉，包括心理疏导、文艺娱乐、社交互动等方面的支持和陪伴。

4. 社会参与。帮助老年人保持社会联系和参与度，为他们提供机会，以发挥老年人的特长或兴趣爱好，并让他们感受到自己仍然是社会的一分子。

5. 经济保障。为老年人提供经济支持和保障，以满足他们的日常生活和养老需求。这个方面包括退休金、养老保险、福利补贴、救助救济等多种形式的支持和保障。

请从上述 5 个要素角度分析居家养老、社区养老和社会养老 3 种模式。

从上述 5 个要素角度分析居家养老、社区养老和机构养老 3 种模式如下。

1. 生活照料

居家养老：以家庭为基础，老年人在家中居住，并由家人或雇佣的护理人员提供日常生活照料服务。

社区养老：通过社区养老服务中心等渠道，老年人在社区／小区内得到相关的日常生活照料服务。

机构养老：老年人选择入住养老院等机构，由专业人员提供完善的日常生活照料服务。

2. 医疗护理

居家养老：与社区卫生服务站或医疗机构合作，为老年人提供医疗服务和护理保健服务。

社区养老：在社区／小区内设立医疗服务站或与医疗机构合作，提供医疗服务和护理保健服务。

机构养老：养老机构内设有医务人员，能够为老年人提供全面的医疗和护理服务。

3. 精神慰藉

居家养老：由家庭成员和志愿者等提供精神关怀，老年人可以通过互联网、电视等途径获取文化、娱乐等精神慰藉。

社区养老：由社区养老服务中心等提供文艺娱乐、志愿者陪伴等社交互动，为老年人提供精神慰藉和关怀。

机构养老：机构内设置娱乐活动场所，定期组织文艺活动、康复训练、社交聚会等活动，为老年人提供精神慰藉和文化娱乐。

4. 社会参与

居家养老：老年人在家庭中以及通过"互助支持"等途径参与社交活动。

社区养老：通过志愿者活动、社区文化活动、学习班等途径参与社会活动。

机构养老：机构内设有活动室、图书室等公共场所，安排老年人通过文艺活动、社交聚会、旅游等多种形式参与社会活动。

5. 经济保障

居家养老：出现经济问题时，家人或政府部门可以提供一定的经济救助。

社区养老：通过社区养老服务中心等途径为老年人提供经济支持和保障。

机构养老：由于服务内容更完备，机构养老需要较高的费用投入，因此通常需要依靠退休金、养老保险、社会救助等多种途径提供经济保障。

例4：比较广州、上海和北京的社会治理模式。

什么是社会治理模式，它包括哪些要素？（先确定比较标准）

　　社会治理模式是指为了解决社会问题而采用的一种组织、管理和实施社会管理活动的方式和方法。它包括以下几个要素。

　　1. 多元主体参与。社会治理模式需要不同利益相关者之间的协调和合作，由政府、市场和社会三个主体共同参与，形成多元主体治理格局。

　　2. 科学决策。社会治理模式应当建立在科学决策的基础上，依据一定的法律法规、政策纲领等，制定出符合各方利益的对策措施。

　　3. 全面覆盖。社会治理模式需要对整个社会进行全面、系统的治理，包括公共事务管理、社区服务、矛盾纠纷调解等多个方面。

　　4. 强化监管。社会治理模式需要加强监管力度，使各类行为符合国家法律法规以及道德准则，并对违法行为进行有效的制约和惩罚。

　　5. 相互协调。社会治理模式需要各利益相关方相互协调，实现各方利益的平衡，以达到社会稳定和可持续发展的目标。

　　通过以上几个要素的运作，社会治理模式能够更好地应对社会问题，实现社会治理的目的。

　　你前面提到了治理模式有5个要素，请用这5个要素分析上海、广州和北京的治理模式。

好的，下面我将用五个要素分别分析上海、广州和北京的治理模式。

1. 多元主体参与

上海治理模式中，政府、市场和社会三个主体均有参与，但更注重市场化和社会参与。上海注重发挥企业和志愿者等组织的作用，也倡导居民自治，通过多元主体参与实现公共服务的提供。

广州治理模式中，以社会参与为主，通过社区党组织、业主委员会等组织形式，实现了多元主体参与，建立了有效的社区治理机制。

北京治理模式中，政府在多元主体中占据较大比例，政府是整个治理体系的核心和主导力量，同时也鼓励市场和社会的积极参与，以达到治理体系的平衡和全面。

2. 科学决策

上海注重科学决策，建立了专门的智库机构，通过调研、评估等手段进行科学决策。同时，上海注重政策创新，尝试不同领域的先进经验，为政策制定提供参考。

广州在治理中同样注重科学决策，建立了城市规划设计研究院等专业机构，对城市发展进行科学论证和规划。同时，广州也加强了对政策实施的监督、评估和反馈，不断完善治理效果。

北京治理模式中，政府是决策制定和实施的主体，注重科技创新，推进智慧城市建设，并借鉴国内外的先进经验，优化公共服务体系，为政策提供科学依据。

3. 全面覆盖

上海在社区治理中实现全面覆盖，充分发挥社区组织的作用，建立完善的社区服务网络，实现基础公共服务的普及。

广州在社会治理中同样实现全面覆盖，注重资金调配和资源整合，贯彻以人为本的原则，建立更加平衡、公正的服务体系和社会保障体系。

北京城市治理中，基层组织覆盖范围广泛，形成以街道办事处为核心的多层次治理网络，实现对社区的全面覆盖。

4. 强化监管

上海注重加强市场监管，建立了较为完善的市场监管机制，对市场主体的行为进行监督和惩处，促进市场公正竞争。

广州在社会治理中通过社区组织、群防群治等手段强化社会监管，提高居民的安全感和满意度。

北京同样注重政府监管作用，在加强基层治理中强化法律法规的执行力度，维护社会秩序和安全稳定。

5. 相互协调

上海治理模式中，强调各利益相关方之间的协调，积极推动政民互动，鼓励市场自律，维护社会和谐。

广州注重各利益相关方之间的沟通和协商，促进各类组织之间的合作和联系，让不同层面的声音充分表达，实现多元主体治理的平衡。

北京治理模式中，政府引导和协调市场和社会的发展是核心，通过政策制定、落实等方式，实现各利益相关方的协调与配合。

三个城市在多元主体参与、科学决策、全面覆盖、强化监管和相互协调五个要素上有自己的特点和优势，采取了不同的治理模式。这些模式的成功与否将取决于其实施结果及对社会的帮助程度。

例 5：进行差异化提问。

是的，按照这个模式举一个关于课堂教学的例子，要求从现有的学术研究领域进行提炼，需要提供可靠的文献来源。（前面训练的部分暂时略过）

好的，以下是一个使用求异法的关于课堂教学的例子。

同样是高等教育领域，在规模、资产和师生比等方面具有相似性的大学中，为什么有些大学倾向于采用传统讲授式授课模式，而另一些大学注重探究式学习（Inquiry-Based Learning, IBL）呢？

以 IBL 为例，研究表明这种方法可以促进学生的主动学习和思考，同时提高其在创新、批判性思维和解决现实问题方面的能力，也有助于加强学术界与社会实践之间的联系（Kuh, 2008; Brownell 和 Tanner, 2012; Song, et al., 2021）。

然而，传统的讲授式授课方法仍被广泛运用。Jones 等人的研究（2010）指出，这种教学方式相对来说开始容易掌握，且较为直接有效，对某些门类的知识传授来说效果也相当显著。但通过其他文献可以发现，这种方法并未有效地激发学生的兴趣和参与意愿，而且很难满足当下以及未来的社会需求（Hake, 1998; Biggs 和 Tang, 2007）。

参考文献：

1.Kuh, G. D. (2008). High-impact educational practices: What they are, who has access to them, and why they matter. Association of American colleges and universities.

2.Brownell, S. E., & Tanner, K. D. (2012). Barriers to faculty pedagogical change: Lack of training, time, incentives, and... tension with professional identity? CBE—Life Sciences Education, 11(4), 339-346.

3.Song, L., Wu, Y., & Hao, P. (2021). The effects of inquiry-based learning on students' academic achievement in STEM education: A meta-analysis. Journal of Research in Science Teaching, 58(6), 860-880.

4.Jones, S. L., Smith, K. L., Underwood, B. R., & Rivers, O. (2010). Complex problem solving in education: A Nordic perspective. Stockholm:

European Institute for Advanced Studies in Management.

5.Hake, R. (1998). Interactive-engagement versus traditional methods: A six-thousand-student survey of mechanics test data for introductory physics courses. American Journal of Physics, 66(1), 64-74.

6.Biggs, J., & Tang, C. (2007). Teaching for quality learning at university (3rd ed.). Open University Press.

模型总结

比较方法是学术研究中不可或缺的一种研究手段，其重要性表现在许多方面。首先，比较方法能够帮助我们揭示各类事物的差异与相似，有助于我们更好地理解和掌握研究对象。其次，比较方法通过横向和纵向的对比，可以让我们在更宏大的视角中看待个体事件，由此揭示出单一视角中难以发现的规律。最后，比较方法为我们提供了研究事物发展变化的因果关系的可能，这在许多学科领域中如社会学、历史学、经济学等都有着重要的应用。

在这个过程中，横纵比较模型起着至关重要的作用。横向比较也可以理解为跨案例比较，主要是在同一时期比较不同的地区、国家、社群、个体等，通过比较差异，寻找共性和规律。纵向比较也叫作时序比较或历时比较，是在同一对象上比较不同时期的状况，通过观察其变化和发展，探求事物发展的内在规律。这种横纵比较模型，通过给出广泛而深入的比较视角，提供了多角度、多层次的分析途径，极大地丰富了研究方法，使我们能更好地进行深度解析和全面理解。因此，笔者认为横纵比较模型在学术研究中占据了举足轻重的地位。

第五节　对外拓展模型

模型内容

对外扩展模型在于将 ChatGPT 与外部工具和平台进行紧密的融合，以实现多样化的输出。ChatGPT 在文本生成方面具有很强的能力，它可以生成符合各种文本格式需求的内容，但是，这还只是其能力的冰山一角。更重要的是，ChatGPT 拥有强大的源代码生成能力，这使它能够产生各种语言和格式的代码，进一步拓展应用场景。

例如，ChatGPT 能够与第三方软件或平台协同工作，通过生成特定的代码或文本，驱动这些软件或平台实现特定功能。这在很多情况下可以极大地提高工作效率和质量，为用户带来极大的便利。对外扩展模型的应用案例广泛而多样，在本书中无法一一列举。但是，通过选取几个典型的应用实例，我们可以对其基本原理和运作方式有一个大致的了解。

此外，对外扩展模型的理念也在 ChatGPT 的各种插件中得到了体现。这些插件可以与 ChatGPT 进行紧密的配合，为其提供多元的功能和能力。比如，在 ChatGPT-3.5 中我们可以通过谷歌浏览器为 ChatGPT 安装插件，而在 ChatGPT-4.0 中它本身就具备了安装插件的能力。虽然插件体系非常庞大且复杂，并不是本书主要讨论的内容，但它仍然值得我们留心和了解，因为它无疑将 ChatGPT 的能力提升到了一个新的层次。

模型公式

> 请生成【主题】的内容，显示 Markdown 源代码（或者其他形式的源代码），并放入相应的代码块中。

公式分析：该公式最重要的要素是需要 GPT 现实输出源代码。

模型适用场景

对外扩展模型可适用于多种学术场景，这是因为任何知识生产和传播的过程都是内容和形式的组合。内容指的是各种能够传达实质意义的信息，如文档中的文字、图片中的图像、音频中的语言符号。形式指的是各种信息所依据的载体，如文档、PPT、动画、图片、音频、视频等。例如，一位博士研究生需要进行开题报告汇报，就需要用到 PPT 形式；一位研究者需要在论文中展示理论框架图，就需要用到图片格式。

模型实际操作举例

该模型的基本操作步骤是：先让 ChatGPT 生成带格式的文字内容（或者给定已有的内容），接着通过其他工具结合源代码进行格式输出。

例 1：生成 PPT。
需要用到的网站：https://www.mindshow.fun/#/folder/home。
第一步，给定 GPT 已有内容或者请它生成内容，并输出为 Markdown 源代码格式，并放入代码块中。
第二步，复制代码到上述网站，自动生成 PPT。

假设你是研究方法专家，我是刚刚入门的研究生，请向我介绍研究方法的分类体系，并输出为 Markdown 源代码格式，并放入代码块中。你不需要展开介绍，只展示基本的研究方法概念和层次即可。

当谈论研究方法时，可以根据不同的维度进行分类。以下是一种常见的研究方法分类体系的展示，以 Markdown 源代码格式呈现。

Markdown

markdownCopy code

研究方法的分类体系 ### 1. 根据数据收集方式 - 实证研究方法

　　- 实证定量研究方法

　　- 实证质性研究方法

- 非实证研究方法

　　- 文献综述

　　- 理论构建与模型推导

　　- 案例研究

2. 根据研究目的 - 描述性研究方法

- 相关性研究方法

- 因果性研究方法

- 探索性研究方法

3. 根据时间维度 - 横断面研究方法

- 纵向研究方法

- 纵断面研究方法

4. 根据研究设计 - 实验研究方法

- 调查研究方法

- 历史研究方法

- 模拟研究方法

5. 根据数据分析方式 - 定量研究方法

- 描述性统计分析

- 探索性统计分析

- 推论性统计分析

- 质性研究方法

- 主题分析

- 词频分析

- 内容分析

6. 其他分类 - 系统综述方法

- 实践研究方法

- 混合方法研究

请注意，这只是一种常见的分类体系示例，不一定适用于所有研究领域和情境。具体的研究方法分类可能因学科、领域或研究领域的不同而有所变化。

将上述代码放到 MindShow 网站，点击左侧导入，选择 Markdown 格式（见图 6-1），就可以实现一键产出 PPT（见图 6-2）。

图 6-1　MindShow 生成 PPT 界面　　图 6-2　MindShow 的 PPT 展示界面

例 2：从文本到思维导图。

第一步，给定 ChatGPT 已有内容或者请它生成内容，然后输出为 Markdown 源代码格式，并放入代码块中。

> 假设你是研究方法专家，我是刚刚入门的研究生，请向我介绍研究方法的分类体系，并输出为 Markdown 源代码格式，并放入代码块中。你不需要展开介绍，只展示基本的研究方法概念和层次即可。

当谈论研究方法时，可以根据不同的维度进行分类。以下是一种常见的研究方法分类体系的展示，以 Markdown 源代码格式呈现。

Markdown

markdownCopy code

研究方法的分类体系 ### 1.根据数据收集方式 - 实证研究方法

- 实证定量研究方法

- 实证质性研究方法

- 非实证研究方法

- 文献综述

- 理论构建与模型推导

- 案例研究

2.根据研究目的 - 描述性研究方法

- 相关性研究方法

- 因果性研究方法

- 探索性研究方法

3.根据时间维度 - 横断面研究方法
- 纵向研究方法
- 纵断面研究方法

4.根据研究设计 - 实验研究方法
- 调查研究方法
- 历史研究方法
- 模拟研究方法

5.根据数据分析方式 - 定量研究方法
  - 描述性统计分析
  - 探索性统计分析
  - 推论性统计分析
- 质性研究方法
  - 主题分析
  - 词频分析
  - 内容分析

6.其他分类 - 系统综述方法
- 实践研究方法
- 混合方法研究

请注意，这只是一种常见的分类体系示例，不一定适用于所有研究领域和情境。具体的研究方法分类可能因学科、领域或研究领域的不同而有所变化。

第二步，打开 Markmap（https://markmap.js.org/）粘贴源代码，即可一键生成思维导图。我们需要点击"Try it out"（见图 6-3），然后粘贴代码到左侧代码区（见图 6-4），即可在右侧的输出区看到显示结果（见图 6-5）。

图 6-3　Markmap 主页

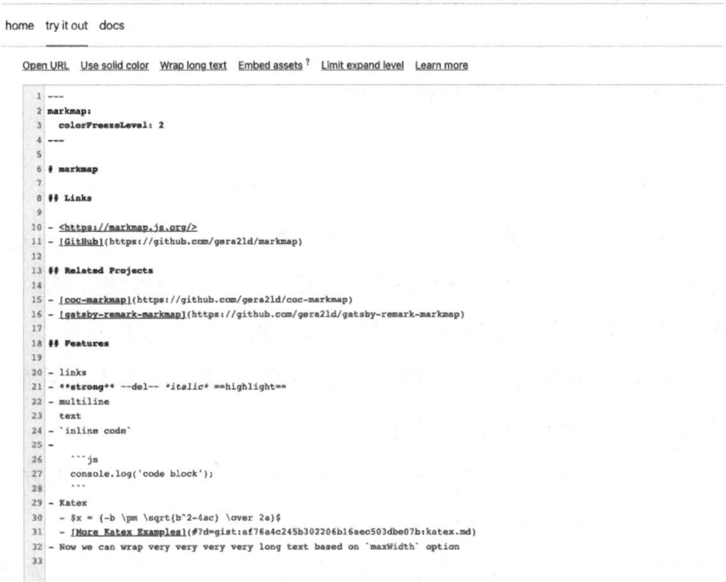

```
home  try it out  docs

Open URL  Use solid color  Wrap long text  Embed assets ?  Limit expand level  Learn more

 1  ---
 2  markmap:
 3    colorFreezeLevel: 2
 4  ---
 5
 6  # markmap
 7
 8  ## Links
 9
10  - <https://markmap.js.org/>
11  - [GitHub](https://github.com/gera2ld/markmap)
12
13  ## Related Projects
14
15  - [coc-markmap](https://github.com/gera2ld/coc-markmap)
16  - [gatsby-remark-markmap](https://github.com/gera2ld/gatsby-remark-markmap)
17
18  ## Features
19
20  - links
21  - **strong** ~~del~~ *italic* ==highlight==
22  - multiline
23    text
24  - `inline code`
25  -
26    ```js
27    console.log('code block');
28    ```
29  - Katex
30    - $x = {-b \pm \sqrt{b^2-4ac} \over 2a}$
31    - [More Katex Examples](#?d=gist:af76a4c245b302206b16aec503dbe07b:katex.md)
32  - Now we can wrap very very very very long text based on `maxWidth` option
33
```

图 6-4　Markmap 左侧代码区图示

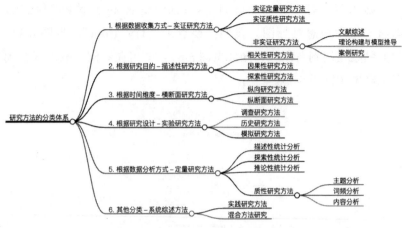

图 6-5　Markmap 左思维导图结果展示

例 3：从文本到流程图或者理论框架图。

第一种方法：使用 ChatGPT-4.0 的插件"Show Me"。

 你知道学术论文的理论框架图吗？

学术论文的理论框架图是一种视觉工具，用于阐述和组织研究中的关键概念、变量和关系。它有助于阐明研究问题、假设或理论，并指导数据收集和分析。理论框架图的具体内容和结构可能因研究领域和特定主题的不同而不同，但通常会包括以下元素。

1.关键概念或变量。这些是研究中要考察的主要因素或特征，如研究对象、影响因素、结果等。

2.关系。这些是概念或变量之间的连接或交互，通常用箭头表示。例如，一个变量可能影响另一个变量。

3.假设或理论。这些是研究者对关键概念或变量之间关系的预测或解释。

4.上下文。这是影响研究的背景或环境因素，如社会、经济、政治环境等。

理论框架图可以帮助研究者清晰地理解研究问题，确定研究的方向和方法，以及解释研究结果。

能否举例说明。

以下是一个学术论文理论框架的简单示例。

如果您需要对此图进行修改，可以在线编辑此图[2]。

在这个示例中有以下元素。

1.上下文。这是影响研究的背景或环境因素，如社会、经济、政治因素。

2.关键概念。这些是研究中要考察的主要因素或特征，如研究对象、影响因素、结果等。

3.关系。这些是概念或变量之间的连接或交互。

4.假设或理论。这些是研究者对关键概念或变量之间关系的预测或解释。

这个图是一个非常基础的示例，实际的理论框架图可能更复杂、包含更多的概念和关系。

扎根理论的理论框架图是不是也可以画出来？

扎根理论（grounded theory）是一种研究方法，它的目标是通过对数据的反复比较和分析，发现新的理论或概念。扎根理论的理论框架图的构建通常会包括以下几个步骤。

1.数据收集。这可能包括访谈、观察、文档分析等方法。

2.开放编码。这是对数据进行初步分析的过程，将数据分解成不同的概念或类别。

3.轴向编码。这是进一步分析数据，找出类别之间的关系和连接。

4.选择性编码。这是确定核心类别，并围绕这个核心类别构建理论的过程。

5.理论整合。这是将所有的类别和关系整合成一个完整的理论的过程。

我可以为您画出这个过程的框架图。让我来为您准备一下。

我不想要流程图性质的理论框架图，我希望看的是只呈现概念之间复杂关系的理论框架图。

我明白您的需求。在扎根理论中，理论框架图通常用来表示概念之间的关系，而不是表示过程或步骤。这种图通常包括多个概念（或类别）以及这些概念之间的关系。关系可以是因果关系、相互影响关系，或者其他类型的关系。

然而，扎根理论是从数据中发现的，所以具体的概念和关系会根据每个研究的具体情况而变化。没有一个固定的模板可以适用于所有的扎根理论研究。

如果您能提供一些具体的概念和关系，我可以帮助您画出一个理论框架图。如果您没有具体的概念和关系，我可以为您画一个示例图，但请注意这只是一个示例，可能无法完全符合您的研究需求。

请根据以下内容生成扎根理论的理论框架图。

我们看到，身兼数职、被动互赖和多重张力的结构性工作特征，决定了老师们的可观之忙以及认同分化。它们共同引发对于忙的"正常"界定，而"正常"界定决定了老师们的忙之自感、多样归因和休闲的道德化，忙之自感又影响多样归因和休闲的道德化，它们一起影响了"求解"策略。受结构性工作特征的影响，"求解"策略产生了分层效果，进而影响了理想期待。反过来，理想期待和分层效果会影响忙之自感的调整，进而采取新的"求解"策略，产生新的分层效果和理想期待，构成一种局部循环。分层效果也会影响可观之忙，使忙的状态受到控制或持续恶化，进而引发"正常"界定等中轴线因素对分层效果发挥新一轮作用，从而构成另一种局部循环。理论上讲，分层效果和理想期待应该能对结构性工作特征产生影响，但调查中几乎没有发现，故用虚线进行表示，意味着构成忙的系统没有发生结构性变动。综合起来，我们研究的忙之系统在结构不变之下发生着内部循环，至于循环是持续发生还是走向恶化，则需要对类属关系做进一步细致分析。

（示例资料来源：王富伟等《稳态循环或恶性循环？——教师之忙的扎根理论研究》）

扎根理论的理论框架图如图 6-6 所示。

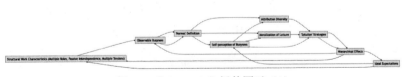

图 6-6 "Show Me"插件图示（1）

请使用中文表述概念，不要变成英文。

好的，下面是中文表述的理论框架图（见图 6-7）。

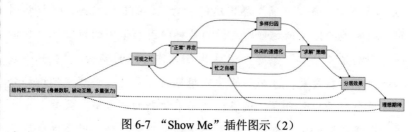

图 6-7 "Show Me"插件图示（2）

可以让表格更美观一些吗？例如，可以让曲线变得更方正。

好的，下面是调整后的理论框架图（见图 6-8）。

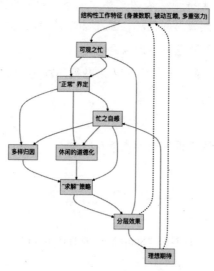

图 6-8 "Show Me"插件图示（3）

如果发现变量间的关系遗漏，可以继续补充完善。

好的，下面是补充完善后的理论框架图（见图 6-9）。

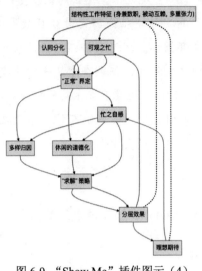

图 6-9　"Show Me" 插件图示（4）

第二种方法，使用 Chat-GPT3.5 和 Mermaid 网站。

请针对以下概念间关系用 mermaid 格式画出框架图。

身兼数职、被动互赖和多重张力的结构性工作特征，决定了老师们的可观之忙以及认同分化。

它们共同引发对于忙的"正常"界定，而"正常"界定决定了老师们的忙之自感、多样归因和休闲的道德化，忙之自感又影响多样归因和休闲的道德化，它们一起影响了"求解"策略。

受结构性工作特征的影响，"求解"策略产生了分层效果，进而影响了理想期待。反过来，理想期待和分层效果会影响忙之自感的调整，进而采取新的"求解"策略，产生新的分层效果和理想期待，构成一种局部循环。

分层效果也会影响可观之忙，使忙的状态受到控制或持续恶化，进而引发"正常"界定等中轴线因素对分层效果发挥新一轮作用，从而构成另一种局部循环。理论上讲，分层效果和理想期待应该能对结构性工作特征产生影响，但调查中几乎没有发现，故用虚线进行表示，意味着构成忙的系统没有发生结构性变动。

综合起来，我们研究的忙之系统在结构不变之下发生着内部循环，至于循环是持续发生还是走向恶化，则需要对类属关系做进一步细致分析。

下面是使用 mermaid 格式绘制的框架图。

```
graph LR

subgraph 结构性工作特征
    A[ 身兼数职 ]
    B[ 被动互赖 ]
    C[ 多重张力 ]
end

subgraph 忙之自感和多样归因
    D[" 忙之自感 "]
    E[ 多样归因 ]
end

subgraph 忙之自感和休闲道德化
    F[" 忙之自感 "]
    G[ 休闲道德化 ]
end

subgraph " 正常 " 界定对忙的影响
    H["\" 正常 \" 界定 "]
    I[" 忙之自感 "]
    J[ 多样归因 ]
    K[ 休闲道德化 ]
end
```

```
subgraph " 求解 " 策略                    U[ 分层效果 ]
    L["\" 求解 \" 策略 "]              end
    M[ 分层效果 ]
end                                   A -->| 决定 | P
                                      A -->| 决定 | Q
                                      A -->| 决定 | R
subgraph 理想期待和分层                 A -->| 影响 | T
效果
    N[" 理想期待 "]
    O[ 分层效果 ]                       B -->| 决定 | P
end                                   B -->| 决定 | Q
                                      B -->| 决定 | R
                                      B -->| 影响 | T
subgraph 可观之忙和 " 正常 "
界定
    P[ 可观之忙 ]                       C -->| 决定 | P
    Q["\" 正常 \" 界定 "]              C -->| 决定 | Q
end                                   C -->| 决定 | R
                                      C -->| 影响 | T

subgraph " 正常 " 界定对分
层效果的影响                            P -->| 影响 | S
    R["\" 正常 \" 界定 "]              S -->| 影响 | R
    S[ 分层效果 ]                       R -->| 影响 | L
end                                   L -->| 影响 | M
                                      M -->| 影响 | N
                                      N -->| 影响 | L
subgraph 结构性工作特征对               L -->| 影响 | U
分层效果的影响                          U -->| 影响 | T
    T[ 结构性工作特征 ]
```

D -->| 影响	F	I -->| 影响	L
D -->	影响	I	
D -->| 影响	L	J -->| 影响	L
E -->| 影响	J	K -->| 影响	L
	K -->	影响	M
F -->| 影响	K	P -->| 影响	L
H -->| 影响	I	Q -->| 影响	L
H -->| 影响	J	R -->| 影响	L
H -->	影响	K	

这里需要注意，打开 Mermaid 时可能出现报错，我们只需要将报错复制给 ChatGPT 让它修正即可。

出现了代码错误：

Error: Parse error on line 20:

... 定对忙的影响 H["\" 正常 \ "界定"] I["忙之自感"]

----------------------^

Expecting "SEMI", "NEWLINE", "SPACE", "EOF", "GRAPH", "DIR", "subgraph", "SQS", "SQE", "end", "AMP", "DOUBLECIRCLEEND", "PE", "-)", "STADIUMEND", "SUBROUTINEEND", "ALPHA", "COLON", "PIPE", "CYLINDEREND", "DIAMOND_STOP", "TAGEND", "TRAPEND", "INVTRAPEND", "START_LINK", "LINK", "STYLE",

"LINKSTYLE", "CLASSDEF", "CLASS", "CLICK", "DOWN", "UP",
"DEFAULT", "NUM", "COMMA", "MINUS", "BRKT", "DOT", "PCT",
"TAGSTART", "PUNCTUATION", "UNICODE_TEXT", "PLUS",
"EQUALS", "MULT", "UNDERSCORE", got "STR"

非常抱歉，出现了代码错误。可能是特殊字符的处理不正确导致的错误。请尝试使用以下修改后的代码：

```
graph LR

subgraph 结构性工作特征
    A[ 身兼数职 ]
    B[ 被动互赖 ]
    C[ 多重张力 ]
end

subgraph 忙之自感和多样归因
    D[" 忙之自感 "]
    E[ 多样归因 ]
end

subgraph 忙之自感和休闲道德化
    F[" 忙之自感 "]
    G[ 休闲道德化 ]
end

subgraph "' 正常 ' 界定对忙的影响 "
    H["' 正常 ' 界定 "]
    I[" 忙之自感 "]
    J[ 多样归因 ]
    K[ 休闲道德化 ]
end

subgraph "' 求解 ' 策略 "
    L["' 求解 ' 策略 "]
    M[ 分层效果 ]
end

subgraph 理想期待和分层效果
    N[" 理想期待 "]
    O[ 分层效果 ]
end
```

```
    subgraph 可观之忙和'正常'
界定
        P[ 可观之忙 ]
        Q[""正常'界定"]
    end

    subgraph "'正常'界定对分
层效果的影响"
        R[""正常'界定"]
        S[ 分层效果 ]
    end

    subgraph 结构性工作特征对
分层效果的影响
        T[ 结构性工作特征 ]
        U[ 分层效果 ]
    end

    A -->| 决定 |P
    A -->| 决定 |Q
    A -->| 决定 |R
    A -->| 影响 |T

    B -->| 决定 |P
    B -->| 决定 |Q
    B -->| 决定 |R

    B -->| 影响 |T

    C -->| 决定 |P
    C -->| 决定 |Q
    C -->| 决定 |R
    C -->| 影响 |T

    P -->| 影响 |S
    S -->| 影响 |R
    R -->| 影响 |L
    L -->| 影响 |M
    M -->| 影响 |N
    N -->| 影响 |L
    L -->| 影响 |U
    U -->| 影响 |T

    D -->| 影响 |F
    D -->| 影响 |I
    D -->| 影响 |L

    E -->| 影响 |J

    F -->| 影响 |K

    H -->| 影响 |I
    H -->| 影响 |J
```

H -->| 影响 | K   K -->| 影响 | L

                                    K -->| 影响 | M

I -->| 影响 | L

                                    P -->| 影响 | L

J -->| 影响 | L   Q -->| 影响 | L

                                    R -->| 影响 | L

打开网站 https://mermaid.live/，放入代码（见图 6-10）。

图 6-10　Mermaid 网站代码区显示

右侧给出结果（见图 6-11、图 6-13）。

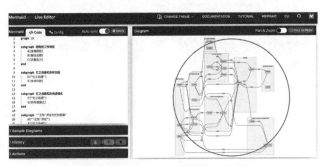

图 6-11　Mermaid 网站输出显示

可以点击左侧最下方"action"，下载图片格式（见图 6-12）。

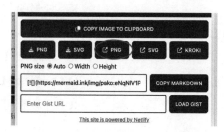

图 6-12　Mermaid 网站图片下载

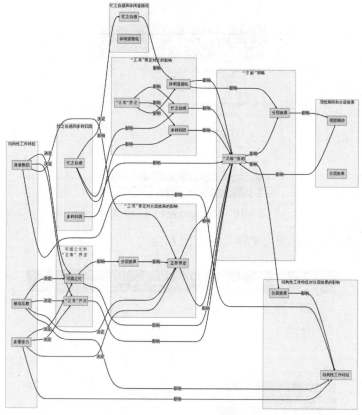

图 6-13　Mermaid 网站生成的框架图

还可以进一步迭代，效果如图 6-14 表示。

我不希望在最后的框架图中看到"影响""决定"，因为这样的话，图就会显得累赘。

非常抱歉给你带来困扰。以下是根据你的要求修改后的代码，不再包含"影响"和"决定"的描述。

```
graph LR

subgraph 结构性工作特征
    A[ 身兼数职 ]
    B[ 被动互赖 ]
    C[ 多重张力 ]
end

subgraph 忙之自感和多样归因
    D[" 忙之自感 "]
    E[ 多样归因 ]
end

subgraph 忙之自感和休闲道德化
    F[" 忙之自感 "]
    G[ 休闲道德化 ]
end

subgraph "' 正常 ' 界定对忙的影响 "
    H[" ' 正常 ' 界定 "]
    I[" 忙之自感 "]
    J[ 多样归因 ]
    K[ 休闲道德化 ]
end

subgraph "' 求解 ' 策略 "
    L[" ' 求解 ' 策略 "]
    M[ 分层效果 ]
end

subgraph 理想期待和分层效果
    N[" 理想期待 "]
    O[ 分层效果 ]
end
```

```
    subgraph 可观之忙和'正常'                B --> T
界定
        P[ 可观之忙 ]                        C --> P
        Q["' 正常 ' 界定 "]                  C --> Q
    end                                      C --> R
                                             C --> T

    subgraph "' 正常 ' 界定对分
层效果的影响 "                               P --> S
        R["' 正常 ' 界定 "]                  S --> R
        S[ 分层效果 ]                        R --> L
    end                                      L --> M
                                             M --> N

    subgraph 结构性工作特征对                 N --> L
分层效果的影响                               L --> U
        T[ 结构性工作特征 ]                  U --> T
        U[ 分层效果 ]
    end                                      D --> F
                                             D --> I
    A --> P                                  D --> L
    A --> Q
    A --> R
    A --> T                                  E --> J

                                             F --> K
    B --> P
    B --> Q                                  H --> I
    B --> R                                  H --> J
```

H --> K   K --> L
               K --> M

I --> L

               P --> L
J --> L   Q --> L
               R --> L

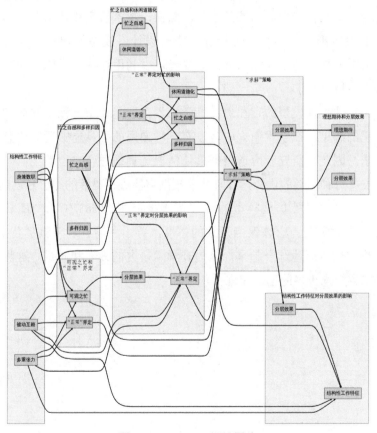

图 6-14　Mermaid 网站图片

模型总结

对外扩展模型基于 ChatGPT 强大的文本生成和代码生成能力，结合外部工具的应用，可以为学术场景提供多种形式的内容，从而广泛扩展了 ChatGPT 的应用领域。这一模型的灵活性和多样性凸显了学术研究者在选择工具时的重要原则：不应局限于某一种工具，而是要根据需求灵活组合多种工具，以尽可能提升学术研究的效率。

ChatGPT 模型在文本生成方面具有卓越的能力，可以用于撰写论文、写作摘要、回答问题等。然而，学术研究往往需要更加复杂的内容形式，如数据可视化、实验设计、模型实现等。通过将 ChatGPT 与外部工具相结合，研究者可以利用这些工具的专业特长来满足特定需求。

对外扩展模型的存在也鼓励学术界在工具使用上保持开放和多样化的态度。在学术研究中，没有一种通用的工具能够适应所有的需求。因此，研究者应该根据具体情况选择最适合自己的工具，充分发挥每种工具的优势，并且能够根据需要进行灵活的组合和创新。

总之，对外扩展模型的应用范围扩展了 ChatGPT 的功能和潜力。学术研究者应该保持开放的态度，善于利用各种工具的优势，并将它们灵活地结合起来，以提升学术研究的效率和质量。这将为学术界带来更多的创新和进步。

第七章

使用框架模型解决
复杂学术问题

第一节　什么是框架模型？

框架模型，是一个由多个单独模型构成的复杂的模型，主要用于解决复杂的学术问题。在第三章至第六章，我们介绍了许多单一的模型，这些单一的模型都能够通过不同的组合演化出众多的框架模型。这些框架模型包括但不限于选题模型、文献综述模型、理论创新模型、求同求异模型以及研究方法写作模型等。

在具体分类上，框架模型主要分为形式模型和内容模型。形式模型是从形式层面将提问结构分解为若干基本要素。可以将其比喻为建房前绘制的建筑蓝图，其中的四梁八柱即是我们所说的形式要素。然而，只有形式要素是无法构建起一栋房子的，我们还需要在此基础上填充各种材料，比如选用木结构还是钢筋混凝土结构，内部装修选择欧式风格还是中式风格等。这些都属于内容模型的范畴。形式模型与内容模型是相辅相成、互不可缺的两个方面。我们在此处分开讲解形式与内容，只是为了更好地理解和掌握，而在实际应用中两者是密不可分的。

形式模型的数量相对较少，其通用模型将在本章第二节中进行详细介绍，即 SRGCD 模型。内容模型则数量众多，各个学术场景下学术问题的解决都需要一个具体的内容模型，例如，进行选题设计、综述写作、理论框架的建构、研究方法的选择、制作量表和问卷、理论观点的创新、文章语言的润色、期刊的评估等。

第二节　作为通用形式模型的 SRGCD 模型

一、要素及基本句式

场景（Scene）

具体内容：

具体的场景，主要界定不同的学术场景。例如，正在撰写博士论文开题报告，正在撰写研究计划书，正在进行田野调查，正在准备硕士毕业论文答辩 PPT，正在……

基本句式：

> 我正在准备 / 进行 / 筹划 / 计划【要做的事情或正在做的事情】。

角色（Role）

具体内容：

明确说明你目前的身份，例如，在读二年级博士生，什么专业，是否跨专业，国外还是国内……同时界定和假设 ChatGPT 的角色，例如，你将扮演我的博士生导师，你将扮演答辩组成员，你将扮演专家推荐人……

基本句式：

> 我是一名【某年级】【本科生 / 硕士生 / 博士生 / 访问学者】，来自【大学 / 研究所 / 其他组织机构】。你将扮演我的【导师 / 同学 / 访谈对象 / 审稿人 / 学术同行 / 学术合作者】。

目标（Goal）

具体内容：

明确说明你想要实现的目标，例如，根据论文标题生成学术论文提纲，根据论文标题生成学术论文提纲 / 生成学位论文提纲（本科、硕士、博士），根据生活现象提炼学术概念和学术问题，改写一段文字规避查重，根据研究问题生成调查问卷或者访谈提纲，根据研究问题给出研究设计方案，根据个人情况完成个人申博陈述……

基本句式：

> 我的目标是【动作：撰写 / 完成 / 进行 / 实施 / 设计 / 申请】【对象：开题报告 / 学位论文 / 学术论文 / 摘要 / 论文提纲 / 内容分析 / 问卷调查 / 案例研究 / 文献综述 / 寻找学术争议点 / 博士候选人 / 在国际学术会议上发言】。

条件（Condition）

具体内容：

在实现目标过程中的各种明确要求，例如，字数要求，提供可靠的参考文献，提供中英文答案，提供不同的输出格式（文字、表格、markdown 等）。

基本句式：

> 具体要求：
>
> 1. 字数不少于 / 不多于【】字。
>
> 2. 需提供可靠的参考文献，并在正文用"（著者，出版年）"格式进行标注。参考文献的条数不少于 / 不多于【】条。
>
> 3. 请以【文本 / 表格 /markdown】的格式进行输出。

调试（Debugging）

根据给出答案的满意度进行调试，包括重新发问（每次也会有部分差异性的答案出现），更换部分检索词，缩减重点关键词，中英文重复问。关键的动作就是不断调试。

二、形式框架举例

由于形式框架和内容框架在实践中是一体两面、不可分割的，我们会在以下案例中标示出上述形式要素，请读者将注意力放在形式要素上，而不是关注该示例中的具体内容。示例如下。

我是一位政治学领域的研究者，我对政治选举中的舆论宣传主题很感兴趣。你作为我的研究助理，需要与我一起完成选题工作。【角色】我一直关注美国总统选举中的舆论宣传，并且收集了一些前期资料，需要对这些资料进行整理。【场景】我希望通过对这些资料的分析，提炼出 5 个相对明确并具有可行性的研究问题。【目标】你需要对 5 个研究问题进行陈述，并进一步说明选择这 5 个研究问题的理由，且针对每一个问题提供 3 ～ 5 条的参考文献，要求参考文献具有可靠来源，能够被谷歌学术检索。【条件】

示例分析：以上提示词对双方（研究者和 ChatGPT）角色进行了限定，同时指出了具体的研究场景，并设定了具体的工作目标。需要按照给定的条件完成工作目标。通过这些形式要素，能够有效引导 ChatGPT 输出答案。形式框架一般用于新项目的开始，但在进行过程中研究者没有必要不断重复，因为 ChatGPT 有上下文联系的功能。需要注意的是，在该示例中，并没有出现调试要素，这是因为调试要素属于过程性要素，只要研究者针对给出的结果进行提示词调整并继续发问就是在进行调试。

第三节　解决实质性问题的内容模型

内容模型适用于解决多种学术场景中的实际问题，由于存在多种实际问题，内容模型的数量也就非常庞杂。此处我们以学术观点创新框架模型为例进行讲解。

模型内容

学术观点创新的本质在于突破已有的认知边界，推动知识的进步和发展。学术研究的核心目标之一是增加对特定领域的理解，从而为社会和人类的进步做出贡献。然而，学术的发展并非一帆风顺，往往受到已有认知框架的限制。因此，创新的观点和创新的思维方式对于推动学术研究的发展至关重要。

在学术领域，创新观点的出现往往源于对现有理论、观点或范式的质疑。研究者通过批判性思维和对问题的深入思考，寻找已有认知边界的不足和局限。通过质疑既有的假设、方法或理论，研究者试图寻找新的解释、模型或理论，以更好地解释和理解现象。

创新观点的产生需要勇于冒险和打破传统思维模式的勇气。在学术界，长期以来形成的传统理论和观点往往被广泛接受，因此提出全新的观点可能面临质疑和抵制。然而，那些敢于挑战现状、超越传统思维的研究者往往能够为学术界带来突破性的进展。他们可能通过实证研究、理论建构或探索性研究等，提出全新的观点和理论，为学术界带来新的方向。

适用的学术场景

对所有的学术研究来说，寻求观点创新都是必要的，甚至有时候是不得不做的事情。例如，在博士学位论文中非常注重对创新的考察。当然，学术创新不同于学术观点创新，学术观点创新只是学术创新中的一个子类型，学术创新还包括方法创新、材料创新等。使用内容模型能够有助于研究者开拓思路，寻找可能的创新点。

模型公式

我是一名【专业方向】在读博士生，我正在撰写一篇学术论文，论文拟定题目为【拟定标题】。你需要扮演我的写作助手，请帮我依据以下模型"确认边界 - 找到突破点 - 对比原有的认知边界"进行观点创新。

确认边界：这是解决问题的起点，需要明确自己所掌握的知识和观点，以及它们所处的认知边界。在确定边界时，需要考虑领域、文献资料、范围、不同的观点与角度、问题的关键因素等多个方面。需要明确指出该领域已有的研究共识（必要情况下可以分类），以此为基础进行深入的研究。

找到突破点：在已有的认知边界之外寻找新信息和观点，可以是新方法、新材料、新问题、新观点。

对比原有的认知边界：将新的突破点与原有的认知边界进行比较，并加以评价。需要考虑比较结果的差异、认知框架的变化、新认知边界的可行性评估等因素。这个阶段还需要进行深入的思考，寻找真正的学术创新点，推动整个领域的发展。

除了符合以上写作逻辑，还需要符合以下要求。

第一，请使用"（作者，年份）"的格式提供正文引文，并使用 APA 格式提供最终参考文献。请检查每个引文和参考文献的来源，以确保准确性。参考文献（优先使用英文文献）需要在正文相应位置进行标注，采用"（著者，出版年）"格式。

第二，总字数不少于 500 字。

模型实际操作举例

我们以教育学的一项研究为例。（此研究为虚拟研究，只是为了进行示例）

我是一名教育学在读博士生，我正在撰写一篇学术论文，论文拟定题目为"翻转课堂教学方式对小学生创新思维的影响"。你需要扮演我的写作助手，请帮我依据以下模型"确认边界 - 找到突破点 - 对比原有的认知边界"进行观点创新。

确认边界：这是解决问题的起点，需要明确自己所掌握的知识和观点，以及它们所处的认知边界。在确定边界时，需要考虑领域、文献资料、范围、不同的观点与角度、问题的关键因素等多个方面。需要明确指出该领域已有的研究共识（必要情况下可以分类），以此为基础进行深入的研究。

找到突破点：在已有的认知边界之外寻找新信息和观点，可以是新方法、新材料、新问题、新观点。

对比原有的认知边界：将新的突破点与原有的认知边界进行比较，并加以评价。需要考虑比较结果的差异、认知框架的变化、新认知边界的可行性评估等因素。这个阶段还需要进行深入的思考，寻找真正的学术创新点，推动整个领域的发展。

除了符合以上写作逻辑，还需要符合以下要求。

第一，请使用"（作者，年份）"的格式提供正文引文，并使用APA格式提供最终参考文献。请检查每个引文和参考文献的来源，以确保准确性。参考文献（优先使用英文文献）需要在正文相应位置进行标注，采用"（著者，出版年）"格式。

第二，总字数不少于500字。

针对"翻转课堂教学方式对小学生创新思维的影响"这一研究课题，我们可以根据"确认边界-找到突破点-对比原有的认知边界"的模型进行观点创新。

首先，在确认边界上，我们需要了解翻转课堂教学方式在小学教育领域已有的共识。目前，已有许多学者对翻转课堂教学方式进行了研究和实践（Bergmann 和 Sams，2012；Hew 和 Lo，2018；Roehl，et al.，2013）。他们普遍认为，翻转课堂教学方式能够增强学生的学习兴趣、提高学习效果、促进创新思维。

接着，在寻找突破点方面，我们需要探索翻转课堂教学方式对小学生创新思维的具体影响机制。此前，有一些研究者曾尝试从不同角度对翻转课堂教学方式进行解释（Chen 和 Wang，2020），认为该方式可以激发学生的兴趣、减轻压力、提高学习效果，但他们没有深入探讨翻转课堂教学方式对创新思维的影响，这为我们进一步开展研究提供了契机。

最后，在对比原有的认知边界上，我们需要将当前关于翻转课堂教学方式影响小学生创新思维的认知边界与新的突破点进行比较。在此过程中，我们发现，虽然已经有很多学者证明了翻转课堂教学方式对小学生创新思维产生了积极作用，但研究者们仍然需要深入探讨如何准确地评估这种影响以及具体的影响机制是什么（Kong，et al.，2020）。

总之，本文将探讨翻转课堂教学方式对小学生创新思维的影响，并尝试从新角度解释其影响机制，以期推进整个领域的发展。

参考文献：

1.Bergmann, J., & Sams, A. (2012). Flip your classroom: Reach every student in every class every day. International Society for Technology in Education.

2.Chen, Y., & Wang, Y. (2020). Analysis of flipped classroom teaching mode based on cooperative learning. Journal of Education and Training Studies, 8(7), 59-67.

3.Hew, K. F., & Lo, C. K. (2018). Flipped classroom improves student learning in health professions education: A meta-analysis. BMC Medical Education, 18(1), 38.

4.Kong, S. C., Song, Y., Xu, Q., & Chen, N. S. (2020). Learning through flipping: An updated white paper of flipped classroom literature from 2017 to 2019. Education Sciences, 10(4), 71.

5.Roehl, A., Reddy, S. L., & Shannon, G. J. (2013). The flipped classroom: An opportunity to engage millennial students through active learning. Journal of Family & Consumer Sciences, 105(2), 44-49.

模型总结

学术观点创新框架模型为研究者突破原有认知边界提供了有力的支持，并通过详细的步骤指导，促进 ChatGPT 更好地理解和学习研究者的意图，以便产生符合研究者期望的结果。

学术观点创新框架模型设计旨在引导研究者在思考和表达中展现创新观点。它结合了研究者提供的较长提示词和特定的步骤，以形成一个有条理的过程，从而使 ChatGPT 能够更好地理解问题的背景和目标。

在这些步骤的基础上，模型鼓励研究者提供创新观点的关键思路或假设。这些思路可能是对现有认知边界的突破性质疑、新的解释或理论模型的提出，或者是基于新的数据、技术或方法的创新应用。

第四节　一个实例：如何用 ChatGPT 形成高质量选题

说明：提出选题的过程有多种模式，这里我们只举一个基本的例子，向读者展示如何综合使用各种模型完成复杂的学术任务。我们提出一个现象选题六步法，展示在研究者缺乏明确的研究切入点，只有一些感兴趣的经验现象时，应该如何选题。六步法的基本步骤如下：

第一步，确认感兴趣的现象，并进行现象描述；

第二步，针对现象确认可用于描述该现象的学术概念；

第三步，对学术概念进行学术史梳理，形成概念的界定；

第四步，针对这个概念的已有解释进行梳理，找出分歧点、研究不足或空白点（they say）；

第五步，针对这个概念寻找理论和匹配理论，找到相应的自变量，构建研究假说（I say）；

第六步，形成初步的研究问题（包含两个及以上概念间的关系）。

第一步：根据自己的研究兴趣找到现象

假设一个研究场景：我正在准备开题，对家庭中的育儿现象感兴趣，通过前期的一些探索性研究，我发现在育儿领域有两种现象，一种是年轻的父母请自己的父母来帮忙带娃，另一种是他们花钱从中介机构雇佣人来带娃。我希望能把这两种现象放在一起，试图提炼一个研究问题。这个时候我该怎么办呢？

第二步：界定学术上的概念

请 ChatGPT 帮忙，注意要使用中英文分别发问，以便考虑各种方案并最终确定关键词。

I am a sophomore studying for a PhD. My major is sociology, and my research direction is family sociology. I am from Renmin University of China. You will act as my doctoral advisor. I am currently preparing to write an academic paper and need your guidance. I am very interested in the field of family parenting, but I have not yet developed a specific, clear research question. I have observed that in urban families in China, there is a phenomenon that young parents ask their own parents to help take care of their children. I want to start from this phenomenon to explore the research problem. What academic concept should be used to define this phenomenon? Along with the results, please list the references you rely on at the end. References need to be from reliable sources.

Dear student,

Thank you for reaching out to me for guidance with your academic paper. It is great to learn that you have chosen family sociology as your research direction, and that you are interested in exploring the phenomenon of intergenerational caregiving in China. This topic is very relevant today, especially with the rising aging population, and is an important area of research.

To define the phenomenon you observed, I suggest using the concept of "intergenerational caregiving." Intergenerational caregiving refers to the support and care provided to older adults by their adult children or other family members, and can include instrumental support such as help with daily activities, as well as emotional support and financial assistance.

In the case of young parents in urban China, they are seeking assistance from their own parents, which could be seen as a form of intergenerational caregiving. This phenomenon can have implications for the dynamic between the different generations, as well as for the family structure and relationships.

To develop your research question, you could consider examining the following:

1.What motivates young parents to seek intergenerational caregiving in urban China?

2.What are the effects of intergenerational caregiving on family relationships and dynamics in urban China?

3.How does intergenerational caregiving impact the well-being of older adults and children in urban China?

Some potential sources for your literature review on this topic could include:

- Cheng, S.T. & Chan, A. C. (2006). Filial piety and psychological well-being in well older Chinese. Journal of Gerontology, 61B(5), P262-P269.

- Higo, M., & Saito, T. (2017). Intergenerational coresidence and caregiver burden in China, Taiwan, and Japan. Journal of Aging and Health, 29(2), 374-395.

- Liang, J., & Liu, X. (2016). Intergenerational time transfers and psychological well-being: A literature review. Current Opinion in Behavioral Sciences, 9, 102-107.

- Yan, Y. (2013). The flow of gifts: Reciprocity and social networks in a Chinese village. Stanford University Press.

I hope this helps you with your research. Feel free to reach out to me if you have any further questions.

Best regards,

[Your name]

答案分析

1. 锁定英文关键词 "intergenerational caregiving"。在它给出的答案中，能够找到推荐的概念表述（见画横线处）。此时不着急马上确定使用该概念，因为还需要进一步验证。

2. 验证参考文献真伪（用谷歌学术或者 wos）。经验证，第一条和第四条参考文献正确，第二条和第三条参考文献属于编造。

3. 用英文关键词 "intergenerational caregiving" 去谷歌学术上检索，发现相关文章很多，初步确定英文关键词是合适的。

用上面的问题重复问（此处省略提示词）。

ChatGPT 给出的答案：

Dear student,

It's exciting to hear about your interest in family parenting and your desire to explore this phenomenon in urban Chinese families. Based on your description, it sounds like you are interested in investigating the practice of intergenerational support in caregiving. This concept refers to the exchange of support between different generations of family members, including the provision of care for children and elderly family members.

To refine your research question, you may want to consider the following:

- What factors contribute to the practice of intergenerational support in caregiving in urban Chinese families?

- How do young parents and their parents negotiate the responsibilities and expectations around caregiving support?

- What are the benefits and challenges of intergenerational support in caregiving for different family members?

In terms of academic concepts, you may want to draw on the literature on intergenerational relations, family support, and caregiving. Some relevant references to get you started may include:

- Silverstein, M., & Giarrusso, R. (2010). Aging and family life: A decade review. Journal of Marriage and Family, 72(5), 1039-1058.

- Feng, Z., & Jones, K. (2011). Urban and rural Chinese intergenerational support in the context of migration and modernization. In Y. Albert, W. Sung, M. Tatlow-Golden, & J. Turner (Eds.), Globalization, culture and society in Laos, Thailand and China (pp. 41-55). London: Palgrave Macmillan.

- Zhang, Y., & Goza, F. W. (2006). Who will care for the elderly in China? A review of the problems caused by China's one-child policy and their potential solutions. Journal of Aging Studies, 20(2), 151-164.

I hope this helps you get started on your research. Don't hesitate to reach out if you have further questions or would like additional guidance.

Best,

[Your Advisor]

答案分析

1.给出了几个可以继续挖掘的研究问题，我对第二个问题比较感兴趣（见画横线处），该问题可以作为选题的预选方案。

2.进一步验证参考文献，发现第一条和第三条参考文献准确，第二条参考文献错误。

接着进行第三次发问，使用同样意思的中文：

我是一名在读博士生，我的专业是社会学，我的研究方向是家庭社会学，我来自中国人民大学。你将扮演我的博士生导师角色。我正在准备撰写一篇学术论文，需要你的指导。我对家庭育儿领域很感兴趣，但是我还没有形成具体、明确的研究问题。我观察到在中国的城市家庭中有一种现象，就是年轻的父母请自己的父母帮忙带娃，我想从这种现象入手来挖掘研究问题。请问应该用什么学术概念来界定这种现象？在给出结果的同时，请在最后列出你所依据的参考文献，参考文献需要有可靠来源。

ChatGPT 给出的答案：

　　这种现象可以被界定为"代际带娃"或者"代际育儿"，是指年轻的父母将孩子交由他们的父母或祖父母照料，而不是请保姆或幼儿园来照顾孩子。这个现象在中国的城市家庭中非常普遍，很多研究者已经进行了广泛的调查和研究。

　　其中，著名家庭社会学家张思玮的研究表明，代际带娃的主要原因是现代家庭结构的转变，家庭成员角色的重组以及家庭关系的重构等。此外，中国家庭的价值观也起到了重要的影响作用。随着社会的发展，代际带娃不断增加，这种现象对家庭和家庭成员之间的关系、互动和沟通带来了许多影响。

　　参考文献：

　　张思玮，代际育儿与中国家庭社会学的发展，社会学研究，2010 年，第 5 期。

　　任翠，代际带娃现象的研究，中国公共卫生，2013 年，第 9 卷，第 11 期。

　　容胜彦，代际带娃现象的文化解读，中国社会科学，2011 年，第 6 卷，第 2 期。

答案分析

　　1. 获得中文关键词"代际带娃"或"代际育儿"。然后在中国知网上进行检验，有关代际带娃或者代际育儿文章都很少，此时需要判断，可能是关键词表述出现了问题，即这两个词并不属于该领域的专业词汇。但是在检索时发现了另外一个中文关键词"代际抚育"。使用该词汇可检索出北大核心和 C 刊文章 84 篇，说明该词汇符合专业表述。通过知网可视化①（见图 7-1）进行初步研判，该领域

---

① 指的是中国知网提供的相关研究的可视化图示。

发文趋势属于上升期。

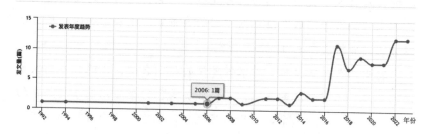

图 7-1　代际抚育关键词的知网可视化结果

2. 参考文献全部是胡乱编造。这一点和它的语料库密切相关，可以说 GPT-3.5 推荐的中文文献都是假文献。

到这一阶段，我们可以确定中英文关键词。实际上，有些研究领域的核心概念会出现在不同的表述中，因此这一步还应该花费更多的时间确定所有同类的关键词，以方便后面的文献检索和综述工作。限于篇幅和具体研究的复杂性，此处采取适当的简化策略。

到了这一步，我们有两个选择，一个选择是继续询问另外一种现象，就是一开始提到的雇人育儿，并重复上述步骤，找到这个现象的中英文关键词。另一个选择是沿着第一轮检索中发现的问题继续深挖。我们选择了第二种方案。

第三步：对关键定义进行概念界定

此处继续采用中英文交替发问的方式，以便优中选优。实际上，这里经过了不下十次的重复发问以及调试，找到了我们最满意的答案版本，限于篇幅，此处不展示具体发文过程，只展示中英文提示词。

I am a sophomore studying for a PhD. My major is sociology, and my research direction is family sociology. I am from Renmin University of China. You will act as my doctoral advisor. I am currently preparing to write an academic paper and need your guidance. In the previous literature review, I focused on the concept conflict of intergenerational parenting in the family. Please conduct an academic review on the concept of concept conflict of intergenerational parenting from an academic perspective. Requirements: First, please sort out the evolution history of conceptual connotation according to the time line and point out representative research; Second, after sorting out, please make a clear definition of the conflict of ideas in intergenerational parenting; Third, when giving the results, please list the references you rely on at the end, and the references need to be from reliable sources.

我是一名在读博士生，专业是社会学，研究方向是家庭社会学。我来自中国人民大学，您将担任我的博士生导师。我正在准备写一篇学术论文，需要您的指导。在之前的文献综述中，我重点讨论了家庭中代际育儿的概念冲突。请从学术角度对代际育儿的概念冲突进行学术回顾。要求：第一，请按照时间线梳理概念内涵的演变历史，并指出有代表性的研究；第二，梳理完毕后，请对代际育儿中的观念冲突做出清晰的界定；第三，在给出结果时，请在最后列出支撑己方观点的参考文献，参考文献需要来源可靠。

ChatGPT 给出的答案（目前为止的最优解）。

Dear student,

Thank you for reaching out to me for guidance on your academic paper. As your doctoral advisor, I am more than happy to assist you in any way possible. Based on your request, I will conduct an academic review on the concept of conflict of intergenerational parenting from an academic perspective, in line with your research direction in family sociology.

Evolution History and Representative Research.

The concept of conflict of intergenerational parenting has been well-researched in the field of family sociology for many decades. There is a wealth of literature on this topic, with significant work being done in the 1970s, 1980s, and 1990s, and then continuing to the present day. A review of the evolution of this concept shows significant changes and refinement of its meaning in different historical periods.

In the early 1970s, the concept of conflict of intergenerational parenting was first introduced by Bengtson and Kuypers, who proposed the concept of the intergenerational solidarity-conflict model. They defined conflict as a "forced choice" between parent/child relationships and individual desires, and they identified three types of conflict: value differences, role conflicts, and developmental tensions.

In the 1980s, Bengtson and Schrader continued to refine the concept of conflict of intergenerational parenting, particularly emphasizing the differences between intergenerational support and conflict. They also focused on issues of gender and the interrelatedness of family roles.

In the 1990s, scholars such as Fingerman, Pillemer, and Silverstein further developed the concept of conflict of intergenerational parenting, particularly focusing on how to manage conflicts effectively. They also explored the nature of conflicts in different types of families, such as divorced families and stepfamilies.

Clear Definition of the Conflict of Ideas in Intergenerational Parenting.

The conflict of ideas in intergenerational parenting can be defined as a difference in values, beliefs, attitudes, or expectations between parents and their adult children, which may lead to tension, disagreement, or even estrangement. The conflict can arise from various factors, including differences in cultural, religious, or moral backgrounds, divergent career choices, parenting styles, or lifestyle preferences. Conflict of ideas in intergenerational parenting can be expressed in several ways, including verbal disagreement, physical estrangement, or emotional distancing.

Conclusion,

In conclusion, the concept of conflict of intergenerational parenting has been widely discussed and explored in family sociology literature for several decades. The evolution of its meaning over time highlights the development of research in this field. Conflict of ideas in intergenerational parenting can be defined as a difference in values, beliefs, attitudes, or expectations between parents and their adult children, which may lead to tension, disagreement or even estrangement. When conducting research in this field, it is crucial to rely on reliable sources of information to obtain accurate and trustworthy findings.

References:

Bengtson, V. L., & Kuypers, J. A. (1971). Generational differences and the developmental stake. Aging and human development, 2(4), 249-260.

Bengtson, V. L., & Schrader, S. S. (1982). Parent-child relations. Handbook of marriage and the family, 2, 397-438.

Fingerman, K. L., Pillemer, K. A., & Silverstein, M. (1995). The baby boomers' intergenerational relationships. The Gerontologist, 35(2), 172-178.

Pillemer, K. A., & Suitor, J. J. (1992). Violence and violent feelings: What causes them among family members? Family Relations, 41(3), 239-245.

Silverstein, M., Bengtson, V. L., & Christopherson, E. (1997). Does psychological well-being change with age? Longitudinal tests of age variations and further exploration of the multidimensional model. Journal of Gerontology: Psychological Sciences, 52B(6), P291-303.

相应的中文内容：

亲爱的同学，谢谢你找我指导你的学术论文。作为你的博士生导师，我非常乐意以任何可能的方式帮助你。根据你的要求，我将结合你的研究方向，从学术角度对代际养育冲突的概念进行学术综述。

进化史与代表性研究

代际养育冲突的概念在家庭社会学领域已经存在了几十年。关于这个主题有大量的文献，在20世纪70年代、80年代和90年代进行了大量的研究工作，然后一直持续到今天。回顾这一概念的演变，可以发现其意义在不同历史时期发生了重大变化和完善。

20世纪70年代初，代际养育冲突的概念由Bengtson和Kuypers首次提出，他们提出了代际团结-冲突模型的概念。他们将冲突定义为父母/孩子关系和个人欲望之间的"被迫选择"，并确定了三种类型的冲突：价值观差异、角色冲突和发展紧张。

20 世纪 80 年代，Bengtson 和 Schrader 继续完善代际养育冲突的概念，特别强调代际支持和冲突之间的区别。他们还集中讨论了性别问题和家庭角色的相互关系。

20 世纪 90 年代，Fingerman、Pillemer、Silverstein 等学者进一步发展了代际养育冲突的概念，尤其关注如何有效地管理冲突。他们还探讨了不同类型家庭冲突的本质，比如离婚家庭和再婚家庭。

明确界定代际抚育中的观念冲突

代际抚育中的观念冲突可以定义为父母和成年子女之间在价值观、信仰、态度或期望上的差异，这可能导致紧张、分歧甚至疏远。冲突可以由多种因素引起，包括文化、宗教或道德背景的差异、不同的职业选择、养育方式或生活方式偏好。代际抚育中的观念冲突可以通过几种方式来表达，包括语言上的分歧、身体上的隔阂或情感上的疏远。

结论

综上所述，代际抚育冲突的概念已经在家庭社会学领域被广泛讨论和探索了几十年。其含义随时间的演变突出了这一研究的发展。代际抚育中的观念冲突可以定义为父母和成年子女之间在价值观、信仰、态度或期望上的差异，这可能导致紧张、分歧甚至隔阂。在对这一问题进行研究时，依赖可靠的信息来源以获得准确和值得信赖的结果是至关重要的。

答案分析

1. ChatGPT 在进行概念学术史梳理时给出了明确的时间线，并且给出了代表性作品，以及基本的观点。

2. 明确了概念定义，可以直接用于后续写作。

3. 给出的参考文献中，五条中有四条是真实的，但还需要查找摘要或著作目录确认是否真的和提到的内容相关，如相关，可以在后续写作时引用。

第四步： 针对这个概念的已有解释进行梳理，找出分歧点、研究不足或空白点（they say）

走到这一步，应该怎么办？此时需要结合研究者的经验观察和反思。研究者已经观察到的现象是，在代际抚育实践中经常会出现观念冲突。为什么会出现这种观念冲突？出现后又如何协调？这和前面推荐的协商主题、家庭边界的问题都相关。因此，我们可以尝试提炼一个研究问题，因变量可以确定为家庭代际抚育中的观念冲突，但是自变量是什么呢？

此时，我们有两个思路：第一个思路，询问有哪些因素可能影响观念冲突？主要看看已有研究从哪些角度进行解释，也就是所谓的"they say"。第二个思路，寻找理论视角，去找可能的新的假说。也就是从更广的理论视野出发，寻找并形成自己需要论证的假说，也就是所谓的"I say"。

发问：先尝试第一条路径。

I am a sophomore studying for a PhD. My major is sociology, and my research direction is family sociology. I am from Renmin University of China. You will act as my doctoral advisor. I am currently preparing to write an academic paper and need your guidance. In the previous literature review, I focused on the conflict of ideas in intergenerational parenting in Chinese families. I would like to ask you what possible factors affect this conflict of ideas?Along with the results, please list the references you rely on at the end. References need to be from reliable sources.

Dear student,

I'd be happy to assist you as your doctoral advisor. Regarding your research question, the conflict of ideas in intergenerational parenting in Chinese families is a complex topic influenced by various factors. Some possible factors that may contribute to this conflict include:

1. Traditional vs. modern values: China is going through a rapid modernization process, and this has led to a clash between traditional values and modern ideals. The older generation often upholds traditional values such as obedience, respect for elders, and adherence to cultural norms, while the younger generation may question these values and desire greater autonomy.

2. Education level: The educational background of both generations can have an impact on their parenting style and values. An educated younger generation is more likely to have different views on child-rearing practices from their less educated parents.

3. Social and economic change: The pace of change in China has led to different opportunities and lifestyles for various segments of society. This can lead to differing expectations on both sides and potentially cause misunderstandings and conflicts.

4. Gender roles: In Chinese families, there are often clear gender roles with fathers seen as the primary earners and mothers as the primary caregiver. However, the younger generation may view these roles differently and desire a more equitable sharing of responsibilities.

5. Urban vs. rural origins: Conflict can arise between generations due to differences in upbringing and exposure to different cultures and lifestyles. Those from rural areas may hold more traditional beliefs and

may struggle with the more modern views of their urban counterparts.

Some references that you may find useful include:

- Jing Guo, Qiong Wu, Keli Yang, and Xiaomin Liu (2012) "Intergenerational Differences in Conflicts over Child Care in Chinese Families", Journal of Comparative Family Studies, Vol. 43, No. 6, pp. 825-842.

- Qian Wu and Yunzhu Zhang (2016) "Intergenerational Value Conflicts and Youth's Attitudes Toward Filial Piety and Parenting in China", Journal of Adolescent Research, Vol. 31, No. 2, pp. 146-176.

- Chang-Boon Patrick Lee and Leslie K. Wang (2012) "Inter-Generational Differences: A Study of Parent-Child Relationships in Urban China", International Journal of Sociology and Social Policy, Vol. 32, No. 9/10, pp. 556-569.

- Emily Hannum and Jere R. Behrman (2002) "Who Gets Ahead in Rural China? Effects of Parents' Aspirations, Human Capital, and Family Resources", Developmental Psychology, Vol. 38, No. 5, pp. 657-658.

I hope this helps guide you in your research, and I look forward to seeing your completed academic paper. Let me know if you have any further questions or concerns.

Best,

[Advisor's Name]

答案分析

1. ChatGPT 给出的影响要素都比较常见，属于大概了解这个领域研究的人都能想到的，因此我们对于这个回答不是很满意。

2. 参考文献验证，第一条和第四条为假，第二条和第三条为真。此时我们继续发问，试试中文。

我是一名在读博士生，我的专业是社会学，我的研究方向是家庭社会学，我来自中国人民大学。你将扮演我的博士生导师角色。我正在准备撰写一篇学术论文，需要你的指导。在此前的文献梳理中，我聚焦了中国家庭中代际抚育中的观念冲突，想请教您有哪些可能的因素在影响这种观念冲突？

　　很高兴听到你的研究方向是家庭社会学，并且你正在关注中国家庭代际抚育的观念冲突问题。这是一个非常重要的主题，在我们的社会中越来越受到关注。现在让我们来探讨一下可能影响这种观念冲突的因素。

　　首先，社会文化因素是影响代际抚育观念冲突的重要因素。中国是一个拥有悠久历史和文化的国家，许多家庭观念和习惯都因此深受影响。例如，中国重视家庭的传统观念，强调家庭的连续性和传承性，父母希望子女能够延续自己的价值观和生活方式。而随着时代的变迁和社会的快速发展，年轻一代的家庭观念和生活方式与过去有所不同，更注重个性和自主性。这种文化差异很容易导致代际抚育观念上的冲突。

　　其次，经济发展水平也是影响代际抚育观念冲突的因素。随着改革开放的不断深入，中国的经济发展一直处于快速增长的状态。然而，这种快速的经济增长伴随着社会结构的变化和家庭结构的多样化，这就会导致代际抚育观念上的不同。例如，在经济条件允许的情况下，父母更愿意为子女提供优质的教育和生活条件，而年轻一代更注重亲子关系的质量，更注重教育的多样性。

　　最后，国家政策和制度也是影响代际抚育观念冲突的重要因素。政策的导向和制度的设立对于家庭观念的形成和传承都有直接的作用。例如，在一些发达国家，政府将养老金与子女教育形成了一种互惠关系，鼓励老人赡养子孙，同时子女也需要照顾老人。而在中国，社会养老保险和医疗保障的制度还比较薄弱，这就需要更多的家庭关注老人的养老问题。

总之，家庭社会学中代际抚育观念冲突是一个非常重要的话题，在中国的发展进程中具有广泛的研究价值。在研究这一问题时，需要关注社会文化、经济发展水平以及国家政策和制度等因素的影响。希望这些思路对你的研究有所帮助。

这一步还需要更多发问和调试，直到确定 2 ～ 3 条主要的竞争性假说，说明它们存在研究漏洞以及解释上的不足。

第五步：寻找理论视角

此时我们还没有形成一个明确的研究问题，只是确定了核心因变量。如果想从影响因素角度来研究是什么在影响代际冲突，以及代际冲突的化解机制，那就需要提出一个相应的假说。这个假说需要基于一定的视角。

我是一名在读博士生，专业是社会学，研究方向是家庭社会学。我来自中国人民大学，您将担任我的博士生导师。我正在准备写一篇学术论文，需要您的指导。在之前的文献综述中，我重点讨论了家庭代际抚育中的观念冲突。请问有哪些社会学理论可能有助于解释这种现象？

关于家庭中代际抚育观念冲突的解释有很多，以下是一些可能适用的社会学理论。

1. 社会角色理论。这种理论解释了为什么人在不同社会角色下会有不同的期望和行为方式。在家庭中，不同代际之间有不同的社会角色和期望，这就可能导致冲突。

2.社会化理论。这种理论关注个体如何通过社会学习获得文化和价值观。在家庭中，父母教育孩子时可能传递不同的文化和价值观，因此代际抚育观念冲突可能源于不同的社会经验。

3.文化资本理论。这种理论指出，家庭中的文化资本可能形成不同的代际差异。家庭背景和教育水平等因素可能影响某些代际在社会文化资本方面有不同的优势和劣势，进而影响代际抚育观念。

4.社会交换理论。这种理论关注人们如何为了实现自己的利益而进行交换。在家庭中，代际之间可能进行交换，如父母在照顾孙子孙女的同时，也可能对子女提出一些期望，当代际之间的需求和要求不能满足时，可能导致代际抚育观念的冲突。

5.结构功能主义理论。这种理论认为社会是由各种相互依存的部分组成的，每个部分都有其特定的功能。在家庭中，每个代际都有特定的角色和责任，但不同代际之间可能因为家庭中其他因素的不同而职责重叠或重复，从而产生冲突。

6.社会认同理论。这种理论认为人们的社会认同和归属感是由社会和文化环境塑造的。家庭是一个重要的社会环境，家庭成员的社会认同和价值观可能受到家庭文化的影响，而不同代际之间的认同和价值观可能不同，从而导致育儿观念的冲突。

7.社会冲突理论。这种理论认为社会是由不同的利益集团组成的，而不同的利益集团之间存在着利益冲突。在家庭中，不同代际之间可能因为收入、权力和地位等方面的利益分配不公而产生代际抚育观念冲突。

答案分析

这一步是发挥 ChatGPT 强大的创新能力，为研究者提供尽可能多的可能性理论，以方便研究者进行选择。通过对上述理论的了解和对比，研究者认为结构功能主义理论可能是合适的理论视角。此时，就可以针对该理论继续深挖。

我是一名在读博士生，专业是社会学，研究方向是家庭社会学。我来自中国人民大学，您将担任我的博士生导师。我正在准备写一篇学术论文，需要您的指导。在之前的文献综述中，我重点讨论了家庭中代际抚育观念的冲突。请问从结构功能主义角度如何解释上述现象？

从结构功能主义角度看，家庭被视为一个社会系统，其中家庭成员各自扮演着特定的角色和职责，这些角色和职责的组合形成了家庭的结构和功能。代际抚育观念冲突可以从结构功能主义的视角来解释。

首先，结构功能主义认为家庭是一个社会系统，系统中的各部分相互依存，相互制约。因此，在家庭中不同代际成员的角色和职责之间存在着相互支持和相互制约的关系，如父母负责抚养子女，子女长大成人之后再照料老年亲属等。对于代际抚育观念冲突，结构功能主义认为可能是代际成员之间的角色和职责分配存在重复或重叠等问题，导致代际冲突的出现，从而影响家庭系统的正常运转。

其次，结构功能主义认为家庭中不同成员的角色和职责是固定的，这是出于家庭系统的需要和安排。在代际抚育观念冲突中，家庭成员可能因为个人信仰、文化传承和生活经验等而存在不同的代际抚育观念，因此代际间在抚育的职责分配上也会面临相应的调整与重塑，这对于家庭结构与功能的发展变化产生了影响。

最后，结构功能主义认为家庭系统中各部分之间的相互作用与互动受各种因素的影响。家庭成员之间的互动、价值观的传承与个人信仰的发展等会影响家庭结构与功能的发展，并且会引发家庭成员之间的代际冲突，尤其是在家庭结构遇到特殊动荡的时候，这种冲突可能越发严重。

综上所述，从结构功能主义的角度看，代际抚育观念冲突是家庭结构和功能变化过程中的一种常态性现象，代际抚育观念的不同会对家庭的正常运转产生影响，同时调整代际抚育分工也是家庭系统中的一个重要方面。

答案分析

从以上内容中，研究者关注到代际抚育分工，并与经验材料进行了联系，认为这个概念非常适合作为研究可能的自变量，并且形成了初步假设：正是代际抚育分工模式影响甚至导致了代际抚育观念的冲突。因此，需要调整提示词继续提问。

我是一名在读博士生，专业是社会学，研究方向是家庭社会学。我来自中国人民大学，您将担任我的博士生导师。我正在准备写一篇学术论文，需要您的指导。在之前的文献综述中，我重点讨论了家庭中代际抚育观念的冲突。请问从代际抚育分工角度如何解释上述现象？

尊敬的博士生，很高兴成为您的导师。关于代际抚育观念冲突问题，从分工角度考虑，这种冲突主要源于代际间的价值观和角色分配的不同。传统上，父母在家庭中承担经济支柱和决策者的角色，而祖父母在家庭生活中承担更多的照顾和教育孙辈的责任。然而，随着社会的发展，这种传统分工正在发生变化。现代化进程中，经济独立和社会地位改变了家庭成员的角色和责任，同时也引发了代际观念的转变。

在这种情况下，父母和祖父母之间的代际抚育观念冲突可能是代际间不同的期望和角色分配不当导致的。例如，祖父母可能认为他们应该有更多的决策权和指导权，而父母可能认为他们有更多的责任和义务，因此应该对孩子有更多的决策权和指导权。在这种情况下，代际抚育分工的重新分配可以缓解代际冲突。通过对不同代际成员的责任和义务进行重新分配，我们可以更好地解决代际抚育观念冲突，促进家庭成员之间的理解和合作。

当然，代际抚育观念冲突也可能是由于家庭成员的个人差异而引起的。例如，不同代际间的文化价值观念、性格特点、教育背景等因素都可能影响代际成员的抚育观念和行为，从而导致代际抚育观念冲突。因此，家庭成员之间应该保持沟通和理解，建立一个和谐的家庭环境，从而有助于减轻代际抚育观念冲突。

第六步：形成初步的研究问题，并形成问题表述

最终我们确定从功能角度来解释代际冲突，基本设想是家庭育儿中有两种基本功能，分别是价值性功能和工具性功能，其中价值性功能包括知识学习和教育，生活方式和健康，角色培育和学习；工具性功能包括生活起居照顾、通勤接送等。研究提出的假说是年轻父母在面临生活压力而无法发挥两个功能时，需要请求父母的帮助，但是希望父母发挥的是工具性功能，而非价值性功能。但是父母在帮助自己的孩子抚育孩子的时候，不自觉地试图发挥两种功能。

造成代际抚育冲突的主要原因是两代人在价值性功能应该由谁来承担时产生了角色冲突。

因此，我们提出了一个初步的研究问题：家庭代际抚育中的抚育功能分化是如何影响抚育观念冲突的。英文表述为：How does the differentiation of nurturing functions in intergenerational parenting within a family influence conflicts in parenting concepts?

我们还可以请 ChatGPT 对选题质量进行评估。

Please evaluate the research question of the following academic paper, with 1 being the worst and 10 being the best, and explain why. The research question of the paper is as follows:How does the differentiation of nurturing functions in intergenerational parenting within a family influence conflicts in parenting concepts.

I would rate this research question an 8. Here's my rationale:

1. Clarity (2/2): The question is quite clear. It is asking how the division of parenting roles and responsibilities among different generations in a family affects disagreements or conflicts in beliefs about how to raise children.

2. Relevance (2/2): The research question seems highly relevant. The dynamic between different generations' parenting styles and philosophies is a topic of significant interest in social sciences and psychology.

3. Originality (1.5/2): It appears to be a somewhat unique question, as many studies focus on parenting styles and their effects on children, but fewer explore the interactions between different generations' parenting styles within the same family.

4. Feasibility (1.5/2): This is where there might be some potential issues. Collecting data on both the "differentiation of nurturing functions" and "conflicts in parenting concepts" could be challenging, as these are somewhat subjective and may be influenced by a wide variety of factors. However, it's certainly not impossible.

5. Impact (1/2): The potential impact of this research question could be moderate. While it could contribute to a better understanding of family dynamics and possibly inform family therapy or counseling techniques, it is less likely to have broad implications outside of these specific contexts.

Please note that this is a subjective assessment and different evaluators may have different opinions based on their perspectives and expertise.

答案分析

可以看到ChatGPT将选题评估为8分，并从5个方面进行了详细评估，在可行性和重要性方面评分较低，在问题的明确性、概念相关性和原创性上给出了较高的分数。该分析对于研究者来说，提供了宝贵的改进思路。研究者可以进一步改进研究问题，并请ChatGPT做进一步评估。

总结

经过以上6步，我们能够感受到ChatGPT辅助形成选题思路、构建理论框架、评估研究问题的整体操作过程。限于篇幅，本部分无法展示所有的调试过程和细节，读者可以在了解基本思路的情况下自行对流程展开深度挖掘。

结　语

一段未竟的进化之旅

本书是在 ChatGPT 的催生下形成的，作为身处智能时代的学术人，在本书付梓之际依然感受到一种时不我待的紧迫感。机器本已拥有超强的知识生产能力，还依然保持着 24 小时不间断的学习。未来人类的学习和认知模式该何去何从？这是我们不得不深思的问题。

面对智能时代的到来，人们的反应各异，有人迟疑，有人彷徨，有人拒绝，有人疯狂。或许太过理性和太过感性的姿态在它面前都不合适，唯有与之共舞，才能与时俱进。我们必须回应的问题是当机器能够替代我们大部分学术工作的时候，我们还有什么？答案是提问的能力、创造力及批判性思维能力。这也契合本书的写作目的，即通过讲解提示词，让每一位学术人都成为提示词高手。当你不断琢磨、仔细打磨提示词的时候，你会发现，不知不觉间，你的逻辑思维能力提升了，看问题更加深刻了，对于学术方法论的认知也提升了。这是机器向人学习、人也向机器学习的时代，或许我们可以提出一个新的概念，叫作"人机素养"，唯有不断提升人机素养，才能跟上这个发展的时代。

在学术志发起的 AI 进化营中，我们喊出了"一起进化"的口号，也喊出了学术人积极向上、不断探索的学术精神。

这场进化之旅已经开始，但远远没有结束，我们甚至无法想象未来 AI 还能有哪些让我们惊叹的能力。我们没必要惧怕，而是可以把它当成人类探索自身能力边界和认知边界的强大工具。

让我们一起进化！